詩とイマジネーションの教育

理論と実践

広島大学附属
東雲小・中学校
国語科 著

難波博孝
山元隆春
谷 栄次 編著

明治図書

はじめに　——なぜ、今「詩とイマジネーション」の教育か

二〇一七年に小学校学習指導要領が告示され、二〇二〇年から施行される。引き続いて、中学校および高等学校の学習指導要領も施行されていく。大学入試センター試験も変更され、記述式の問題が国語科などに導入される。高等学校の国語科の科目も再編され、文学教育が衰退するのではないかという不安がある一方で、実用文が多く高等学校の国語科教科書に採り入れられることで、実生活に役立つ国語科として改善されるという声もある。

こういった「教育改革の喧騒」は、既視感が伴うものである。近代教育が成立してから、学校教育は、主権者の関心も高いため、国家や地方自治体の「政策の中心」に扱われてきた。したがって、「教育の制度いじり」が頻繁に行われるようになる。もちろん、二〇一〇年代後半から行われてきた教育改革にも目的と意義があるだろう。しかし、学校教育の結果は何十年もかかって現れるものである。にもかかわらず、「教育の制度いじり」が頻発している。このことで振り回されるのは、その時々の学習者である。

このような「流行」の中で、それでもしっかりと足に地をつけた学習者を育て、足に地をつけた学校教育を行いたい。「不易」の教育が今こそ求められると考えられる。その「不易」の基盤をどこに求めればいいだろうか。

私達は、「不易」の教育、教育の「不易」を、子どものイマジネーションに求めることにした。

近代以前から人間は、イメージと無意識の世界を内に持って生きてきた。イメージと無意識は、夜には夢によって現れ、昼には口承歌や絵画、舞踊として、また、視覚的な意匠として現れ、伝承されてきた。そのような豊かなイメージと無意識の世界を内に持ち外に表現しつつ、日常生活という苦しい現実を乗り越えようと人間は生きてきた。

これは近代以後の、私達も同じである。大人も子どもも同じである。私達から、イメージと無意識の世界を奪うことは、文学や音楽、ゲームやアニメ、ダンスや絵画、空想や幻想を奪うことであり、それは、人間として生きることを奪うことである。

イメージと無意識は、イマジネーションという力動性を持って表現される。しかし、近代はそのことを難しくさせる。とすれば、子どもたちが持っている（本来性の）イメージと無意識をイマジネーションから言語へと誘う詩作を行わせることは、子どもの本来性を回復することになるのではないか。近代が奪いつつある本来性を回復することを、近代教育で行うという壮大な矛盾を抱えながら、それでも「不易」の教育を求めて行ったのが、私達の実践である。

子どもたちの本来性の回復は、本書の理論的基盤の一つである児童の言語生態研究会の言葉を借りれば「うちにかえる」ことである。どれだけ、子どもたちが、詩作を通して「うちにかえる」ことができたか、ご覧いただきたい。

難波　博孝

目次

●はじめに ――なぜ、今「詩とイマジネーション」の教育か　2

第一章　詩とイマジネーションの教育の理論

無意識のイマジネーションの発露としての詩作
――児童の言語生態研究会の理論と実践に学ぶ　……10

「発見」の契機としての詩の学習　……22

第二章　詩とイマジネーションの教育の実践

広島大学附属東雲小学校と東雲中学校の取組について……34

第Ⅰ期（小学校一・二年）

単元　ことばからそうぞうしてしを書こう……44

第Ⅰ期（小学校一・二年）

単元　ともだちのことおしえるよ（一年）

単元　家ぞくのこと教えるよ（二年）……56

羽場実践の解説……68

第Ⅰ期後半（小学校三・四年）

単元　自分の気持ちを詩にしよう……70

第Ⅰ期後半（小学校三・四年）

単元　絵を見て空想を詩にしよう……82

宮本実践の解説……94

第Ⅱ期（小学校五年）
単元「連詩」に挑戦しよう……96

第Ⅱ期（小学校六年）
単元 詩を創作しよう「わたし」……108

谷実践の解説……120

第Ⅲ期（中学校二年）
単元 詩人の時間1
——想像の世界を広げよう……122

第Ⅲ期（中学校三年）
単元 詩人の時間2
——詩人との共創にチャレンジしよう……134

浜岡実践の解説……146

第三章　詩とイマジネーションの教育のこれから

附属東雲小学校低学年・中学年の実践からの展望……150
小学校五年生～中学校三年生の実践からの展望……158
●おわりに——詩の生まれるとき　166

第一章　詩とイマジネーションの教育の理論

無意識のイマジネーションの発露としての詩作

――児童の言語生態研究会の理論と実践に学ぶ

1　はじめに

本書の実践、特に小学校低学年や中学年の実践は、児童の言語生態研究会（以下、児言態）の理論と実践の積み重ねに負うところが大きい。まずは、その児言態について紹介する（以下は、秦（二〇〇四）を参照しながら述べる）。

児言態は、玉川大学の上原輝男（広島高等師範国語科卒業、一九九六年死去）を中心に結成された研究会である。一九六八年に創刊された雑誌「児童の言語生態研究」は、現在19号まで刊行されており、全てインターネットで閲覧することができる。児言態の趣旨は、以下の「児童の言語生態研究趣意」（創刊号のみ「児童の言語生態研究発刊に際して」）によく示されている。

われわれは成長しつつある子どもの言語生態を、正確に見届けることを、何よりの国語教育の基礎に据え、そこから出発すべきであります。遅ればせながら、感情・思考及び意識の発達とともにある子どものことばの実態を、調査、研究して、子どもの側からの発言を世に問いたいと思います。思えば、子どもの言語生態とも言うべき基礎資料を得ることなしに、国語教育の目的と方法が論じられすぎました。また、われわれ現場人が、それの基礎資料をどれほど整えて子どもに接していたでありましょう。国語教育の目的と方法及び実践の確立に資すべき、最初の条件であったと思うのであります。

上原がこのように述べる児言態について、秦は「児言態は、『感情・思考及び意識の発達とともにある子どもの言葉の実態』を捉えようとする。つまり、子どもたちにあらわれることばを通して子どもの『感情・思考及び意識』の実態を捉えることが、子どもの言語研究である、とする立場である」と述べている。

上原は国語教育と民俗学とを連接させ、「心意伝承」としての母語教育を構想していた。しかし、それを理論的演繹的に「上から」構想するのではなく、子どもの言語の生きた実態（生態）の中に、つまり、子どもの思考・感情・意識の中に、子どもの個人的な無意識と民俗の伝承に連なる共同体的無意識を発見し、それを子ども自身にも自覚させる教育を構想した。しかも、児言態と上原氏、言語の生きた実態に人間の無意識から発動する「イマジネーション」（あるいは「イメージ運動」）という動的な過程を見出し、さらにその「イマジネーション」が発達段階によってその様相を変えていくことも見出した。そして、そのような子どもの発達段階も合わせた、総合的な母語教育のしくみを構築しようとしたのであった。

2 児言態のキーワード

(1) イマジネーション

児言態の理論と実践は、雑誌「児童の言語生態研究」や上原の著作で知ることができる。本稿では、本書の詩の実践に関わる部分をいくつかのキーワードで紹介する。その一つは「イマジネーション（またはイメージ運動。初期の頃は単にイメージともいっていた）」である。

長浜ら（二〇〇四）は、児言態のイマジネーションについて次のように述べる。「わたくしどもはイメージを、我々の現実生活を誘導している人間活動の源泉・エネルギーそのものであり、単なる想像の結果とはとらえていない。（中略、難波）我々人間が、（中略、難波）経験がなくても、イメージの誘導による生活に最も自分らしい生き方を実感しているからではないだろうか」。また、主宰者上原も最終講義で次のように述べている。「イメージが、我々を行動させるのです。現実の中にイメージ生活があるのではないのです。我々のイメージが、我々の現実生活を誘導していると、考えなければならない」（上原、一九九七）。

ここでいうイメージ（イマジネーション・イメージ運動）とは、私達の無意識から湧き上がる、意識や理性によってはコントロールし難いものであり、私達の現実生活を誘導する源泉、エネルギーである。子どもであっても大人であっても、理屈抜きでこうしたい、この活動をしたい、このテレビを見たい、音楽を聞きたいという衝動に駆られることがある。それは意識せずとも私達の行動を生み出す／あるいはそのような方向に縛っている。そのようなエネルギーは、イマジネーションとして私達の感情の源泉であるだけではなく、私達の意識や理性にも影響を与えてきた。

児言態は、イマジネーション（イメージ運動）の構造を上の図でまとめている（中川、一九九七）。

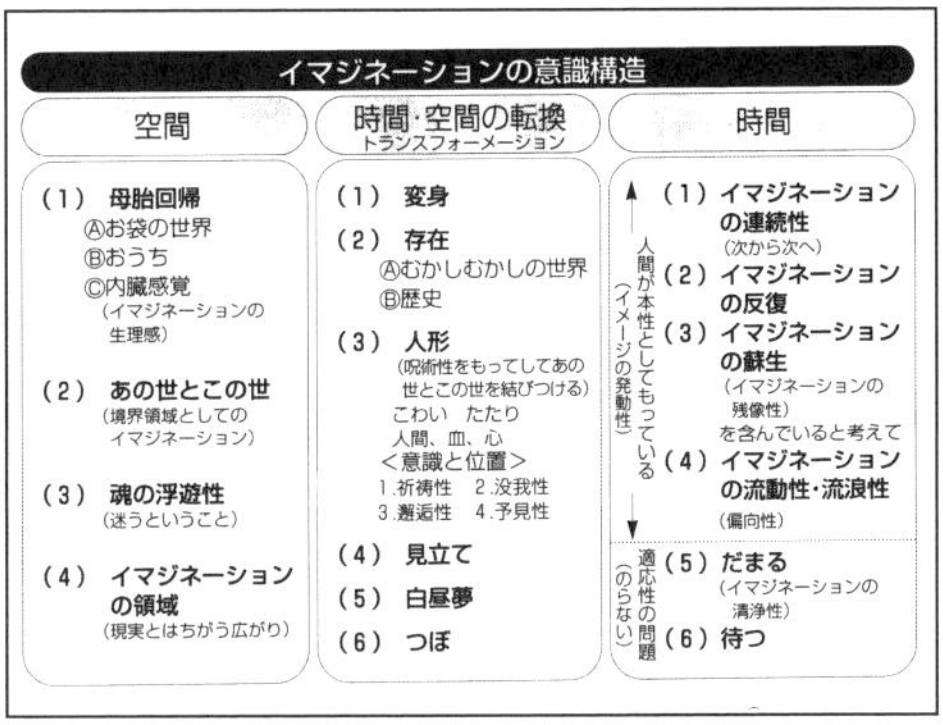

イマジネーションがそれ特有の時間と空間を持つということ、現実世界からイマジネーションの世界に転換する（図の真ん中にあるトランスフォーメーション、後述する）ための引き金（トリガー）となるような題材（人形、つぼなど）があることがこの図で確認できる。私達の無意識にはこのような構造を持つイマジネーションがあり、時に現実生活に噴出し、私達の意識や言動・行動をコントロールすると児言態では想定しているのである。

⑵トランスフォーメーション

次のキーワードは、児言態が示す図の真ん中にある「トランスフォーメーション」である。これは意識と無意識の転換ということであり、それに伴う、現実的な時間空間から非現実的な時間空間への転換ということである。秦によれば、「時空転換の最も明瞭な例を挙げるとすれば、それは私たちが普段見ている夢である。夢の世界が現実世界とは明らかに異なる別世界であることは誰もが知るところであろう。しかし、私たちは夢を見ている間は、現実世界における時間、空間を超越した世界に生きているのである」と述べ、トランスフォーメーションのわかりやすい例として夢を挙げている。

しかし、トランスフォーメーションは夢にとどまらない。上原氏は児言態が行った「想像で宇宙旅行をする」という実践において、「今、心を遊ばせることをしたでしょう。数秒の間にどんどん月に行ったやつもいたね。……こういうことなんだよ、心っていうのは。パッと行ってパッと帰ってこれる。だから心は自由にいろんな所へ動くことの経験を積まなくてはいけない。それを『時空の転換』という」と述べている。つまり、現実生活においても、私達の意識が現実から離脱し想像の世界に飛んだ時に、トランスフォーメーションが起きているという。

児言態の図の中央にある「人形」や「つぼ」は、ユング心理学ではイメージ喚起の材料として、また、フロイトの夢分析でも分析のキーワードとして、「橋」「穴」といった題材とともに使われているが、それらは、私達に現実世界ではない別の世界へと誘う、つまりはトランスフォーメーションを誘発する契機として児言態の実践で使われている。

ただ、こういったトランスフォーメーションを誘発する題材がなくても、自分が苦難に陥った時、あるいは、夢中で何かに取り組んでいる時、時間が早く過ぎるあるいは遅く過ぎる、あるいは、そこにいる自分自身を遠い空の上から眺める感覚を持つ（「離見の見」のように）経験をすることがある。私達は、現実世界に生きていながら、時にこのようなトランスフォーメーションを起こしている。

このことは、生きるということそのものの本質に触れる時でもある。私達は、現実世界に合わせて生きている。しかし、人間は、それとは別に、無意識の世界を保ち続け、無意識から湧き上がるイマジネーションに従っても生きている。ただこのイマジネーションは、その時々の現実生活によってコントロールされる。しかし、時と場合ときっかけ（契機、題材）によって、私達のイマジネーションは意識世界に露見し、その瞬間、トランスフォーメーションが起こり、イメージの世界つまりは現実ではない世界に生きるのである。それは、私達の無意識の世界に生きる（あるいは無意識の世界にも生きているということを再確認する／自覚する）ということでもある。
トランスフォーメーションによる時空間の転換は、私達が本来生きてきている無意識世界との再会という側面を持つのである。

(3) 分母と分子の転換

最後は、「分母と分子の転換」というものである。端的に言えば、「分母と分子の転換」とは、小学校低学年までの無意識／イマジネーション優位の時代から、小学校中学年で転換し、意識／現実認識が優位の時代へと変わっていくということである（難波、二〇一八）。

児言態理論では、言語発達は、〈無意識あるいはそこから起こるイメージ（イメージ運動、イマジネーションともいう）あるいは感情〉（以下〈イメージ〉）が優位的に支配する乳幼児期～小学校低学年の段階から始まり、〈意識あるいはそこから起こる現実認識あるいは理性〉（以下〈現実認識〉）が次第に支配を強めていき、小学校中学年では〈現実認識〉が優位になる段階に至るとしている。これを児言態理論では、「分母と分子の転換」と呼ぶ（最初は〈イメージ〉が分母だったのが、小学校中学年では〈現実認識〉が分母になる、ということ）。

「分母と分子の転換」を踏まえ、児言態は発達段階に合わせた教育を想定している。まず低学年では、イマジネーションを大切にする学習である。上原は例えば、「もっと教室で神秘的な事をやらなきゃダメ。子どもは喜ばないよ。時々やっているのがそれを裏返したお化けの話とかだよ。」（平成二年合宿・上原輝男の言葉（宮田、二〇一八）による）という。そもそもイマジネーションが優位である段階だからこそ、そこを大切にするのである。ただし、ここにとどまっていてはだめであり、「今までとは違う言葉の世界、意識の世界に住み替えさせるのが授業だよ。だから授業ではいつも子どもには限界に挑戦させるんだよ。（中略、難波）子ども達がその限界をこのように突破していく、ということをつかまえて示していってやるのが授業ですよ。」（宮田、二〇一八）と上原はいう。イマジネーションを大切にしつつも次の段階へと移行する準備を行うというのである。

小学校中学年に入ると、次第に〈現実認識〉優位になっていく中で、例えば物語教材を「感情教材」として「感情の変化」をみていくことに使うと上原はいう。つまり、「感情」を「現実認識」によってとらえるのである。ここでいう「現実認識」は、論理的に把握するということでもある。「『論理的にもわかる』ようにする、これは訓練が必要なんです。気分やイメージっていうのは訓練しなくたって伸びていくんですよ。……イメージをいったん消して考えることがある段階では絶対必要なんです」と上原も述べている。小学校中学年では、子ども自身のイマジネーションの発露を現実認識からの論理的把握でとらえていく活動が必要であるということである。

このような現実認識優位になっていく小学校中学年だからこそ注意するべきことは、人間（じんかん、人と人との関係）である。次項ではこのことを詩作と関連させながら述べる。

3 母語教育における詩作の重要性

イマジネーションは先述したように、時間性と空間性を持つ。それが端的に現れるのが眠って観る夢である。夢には、ストーリーがあり時間が流れ、空間の広がりがある。しかし夢にないのは、人間である。夢に現れる人物は全て、私の中で造形されたものであり他者ではない。夢の中の会話は全て私の中の会話である。現実世界は異なる。現実世界では、私ならざる他者との関わりが非常に大きい。このような人間と人間との関わりを、児言態では人間（じんかん）と呼ぶ。

小学校中学年ぐらいからは、先に見たように、この人間（じんかん）が現実世界で強い力を及ぼすようになり、思春期に入るとますますそれが強くなる。ここに至って、子どもたちは、自分の無意識の発露であるイマジネーションを、現実世界で発散させる場を次第に失い、あるものはスポーツへあるものは書籍へあるものはアニメや漫画へあるものはゲームへと、自分のイマジネーションの発動の場を求めていく。学校教育がせめて子どもたちの本来持つイマジネーションを毀損させないようにするためには、彼等のイマジネーションを誘発し、彼等の本来性を取り戻させる必要がある。それこそが、子どもたちの真の意味での自己肯定感を育てることにもなるはずである。そこで登場するのが、詩作である。

無意識の世界からやってきたイマジネーションを思わず言葉にしたもの、それが詩である。イメージ優位である小学校低学年の子どもの言葉は、そのまま「詩」なのである。詩人の「詩」も同じく、詩人の無意識の世界からやってきたイマジネーションを言葉にぶつけたものであり、「詩」の比喩性や象徴性は意図的な技巧では本来なく、夢や想像が根源的に持つ比喩性や象徴性の言語的現れなのである。

児言態ではそのことを子どもたちに自覚させるために、詩を書かせる。そこには、先に見たイマジネーションを誘発するようなユングも述べたような「穴」「つぼ」「橋」といった題材を使った作文もあれば、「鉄道模型」「電車」などのような疾走感がある題材、慣用語句のような先人の集合的無意識に蓄積された体感を言語的に結晶化した題材、などもある。

詩作は、小学校低学年の子どもにとっては、自己の奥底を確認する活動であり、中学年以上の子どもにとっては、本来帰るべき場所を思い出すための活動なのであった。

4 無意識の発露としての詩作の困難とその克服

フロイトは、詩作と夢との類似性を踏まえ、その両者が「理性（悟性）」によって妨害されることを述べる。

（夢の中における、難波注）「望ましくない想念」は、それが浮かんでくるのを阻止しようとする、すさまじい抵抗にあうのがつねである。しかしわれわれがもし偉大な詩人哲学者シラーの言っていることを信用するなら、詩人の創作もやはりこれと同じような心的態度を前提に含むものにちがいない。（中略、難波）シラーはケルナーが自己の創作の才の乏しいのを嘆くのに対して、こう答えている。

「君の嘆きの原因はどうやら、君の悟性が君の想像力に対して加えている強制にあるようだ。僕はここでひとつの考えを述べよう。それを比喩で説明してみよう。悟性が流れ込んでくる諸観念を、いわば入口のところでもう、あまりに厳しく検問することは、感心したことではないし、また魂の創作行為にとって不利益なことであるようだ。」（フロイト、p.121）

夢が単純に無意識の発露として現れるのではなく、理性や意識によって変形させられるように、詩作も理性がイマジネーションに検閲を加えられる。同じように、子どもたちに詩作を促すと容易に無意識が発露する、と考えるのは誤りである。子どもたちのイマジネーションも、様々なもので検閲を加えられる。

例えば、知識である。小学校低学年の子どもに、詩作の方法や修辞的な表現を教えると、それを使おうとすることに意識が向かい、自分自身から発動するイマジネーションに蓋がされてしまう。知識がイマジネーションの発露に抵抗をかけるのである。一方で、小学校低学年の子どもに絵を描かせることは、イマジネーションの発露を促し詩作へと誘うことになる可能性がある。絵を書く技術や知識を教えられる前に、絵そのものの評価を気にするようになる前であれば、非言語による表出がイマジネーションの発動を促すことになるだろう。

しかし、小学校中学年以後になると、子どもに絵を描かせることは、むしろ詩作のじゃまになる可能性がある。それは、絵の評価を気にするようになるからであり、次第に人間関係（人間＝じんかん）への傾斜が強まる（人の目を気にする、自分の目を気にする）からである。この人間への傾斜は、小学校中学年の詩作を困難にしていく主因となる。友人や教師、自分自身のメタ認知などが、自身のイマジネーションの発動を「阻止するすさまじい抵抗」となるのである。

この「すさまじい抵抗」を解除する工夫が詩作の実践では求められる。まず何より求められるのは、「何でも話せる気持ちになれる」学級の「しつらえ」である。環境構成とも学級づくりとも場づくりともいえるこの行為を、ここでは、「しつらえ（教室、授業のしつらえ）」と呼ぶことにする。教室の物理的環境・教師のコミュニケーションスタイル・授業の導入など、「しつらえ」に関わることは多い。それらの全てに、子どものイマジネーションを「阻止するすさまじい抵抗」を解除する働きを持たせたいのである。

学年段階に合った「しつらえ」の上に立って、小学校低学年では例えば先に述べたような絵を描くという「てだて」が「抵抗の解除」に寄与する可能性がある。一方、中学年の場合、「いいわけ」ができるしかけを施すということがある。特に「知的しかけ」を施すことで、中学年児童は「それらの知的な知識を学び活用しているんだ」といういいわけができるようになる。「知的学び」が「いいわけ」となって、イマジネーションの発露が行われる可能性があるのである。「知的しかけ」があることで、それを隠れ蓑にして、中学年児童はイマジネーションを発動し表現できる可能性があるのである。「しつらえ」と「てだて」を工夫することが、イマジネーションが発動することを「阻止するすさまじい抵抗」を解除させ、子どもが自分自身の無意識世界と再会する母語教育の実践ができる。逆に言うと、「しつらえ」と「てだて」が必要だからこそ、母語教育としての国語（科）教育の存在意義があるといえるのである。

5 おわりに

児言態の実践者葛西は次のように述べる（葛西、一九九七）。

「子どもたちの日常生活が、顕在世界と潜在世界を行き来するところに成り立っている。作文することによって、潜在意識世界と顕在意識世界との間に望ましい関係を築きつつこの人の世を渡っていく、その方向性を意識化することを課題とした」

私も学校教育において「潜在意識世界と顕在意識世界との間に望ましい関係を築きつつこの人の世を渡っていく」ような学習者を育てたいと考える。詩作およびそれに関わる「しつらえ」と「てだて」が、学習者にそのような「関係」を生み出し、人生を豊かに生きていく力を育てたいと考える。（難波 博孝）

●参考文献●

上原輝男（一九九七）「日本人のイメージの世界：かいまみの世界」児童の言語生態研究（15）
葛西琢也（一九九七）「トランスフォーメーションの獲得」児童の言語生態研究（15）
中川節子（一九九七）「イマジネーションの時間性・空間性：子どものイマジネーションの意識構造を考える」児童の言語生態研究（15）
長浜博・亀山貴洋子（二〇〇四）「子どものイマジネーションの発動性：時間・空間・人間（じんかん）の転換」児童の言語生態研究（16）
難波博孝（二〇一八）「児童の言語生態研究会（児言態）理論と国語（母語）教育諸理論の統合試論」児童の言語生態研究（18）
宮田雅智（二〇一八）『上原先生語録』未刊行
秦恭子（二〇〇四）「児童の言語生態研究会の実践研究についての一考察：意識と無意識を含み込んだものとしての〈ことば〉と向き合うということ」全国大学国語教育学会発表要旨集（107）
フロイト・S、高橋義孝、菊盛英夫訳（一九九四）『夢判断　上』日本教文社

「発見」の契機としての詩の学習

1　生活における詩の働き

現代英国で詩教育論を展開するフレッド・セジウィック[i]は、米国の詩人ウォレス・スティーブンズの詩論にもとづきながら「詩は世界について、そして世界の成り立ちについて、また、この世界でどのようにすればよく生きることができるのかということについて、学ぶ方法の一つだ」(Sedgwick, 1997) といっている。これは、詩の持つ働きをうまく言い表した定義である。しかし、小学校や中学校の国語科で、このような詩の持つ働きを意識した授業がどれだけ行われているだろうか。むしろ詩は、暗誦したり、読解したりする対象とみなされている場合が少なくない。詩の授業で、詩と私達の生きる世界・人生との関係が問われるような授業はまれだといっていいのではないだろうか。

世界について知る、世界の成り立ちについて知る、世界をよりよくするためにどうすればいいかを知る——セジウィックのいっていることは、詩の授業とは一見無縁のようにも思われる。しかし、読者の皆さんが知っている詩と詩人を試しに思い浮かべてほしい。憶えなければならないとか、分析しなくてはならないとか考えずに、素直に詩の言葉に触れて考えてみると、セジウィックのいっていることもけっして無理なことではないと思われるのである。

例えば、萩原朔太郎の「竹」、金子みすゞの「大漁」や「私と小鳥と鈴と」、于武陵の「勧酒」と井伏鱒二の「勧酒」、さだまさしの「案山子」や松任谷由実の「春よ、来い」の歌詞は、いずれも立派な詩である。日常生活の中で、私達が詩と出会う機会は少なくない。

こうした詩（詞）が私たちの記憶に残るのはどうしてなのだろうか。

十年ほど前に、奄美大島出身の城南海が歌った「アイツムギ」という歌（作詞作曲　川村結花）がある。この歌のタイトルは漢字を使えば「愛紡ぎ」とも「愛紬」とも書くことができる。「つむぐ」という言葉は、撚り合わせた糸を縦横に編み上げていく営みを指す。その営みと、奄美特産の「大島紬」とをかけているのが、この曲名である。

この曲の歌詞は私自身の子どもの頃の記憶を呼び起こした。北薩の山間部を切り開いた狭い土地に私の家はあったが、いつも夜の九時頃になると、近くの「隠居」に一人で住んでいた大伯母の家から、夜なべ仕事に「大島紬」を織る音が聞こえてきた。一枚の布を紡ぐのに膨大な時間を要するということを知ったのも、確かその頃であったように記憶している。しかも、織り上げられた紬の品質については厳しい審査が待っていて、その審査に不合格となって「隠居」の縁側でしょんぼりとする大伯母の姿を見かけたこともあった。

そういう日々の中で生まれるメンタリティのようなものが、この「アイツムギ」の歌詞には表れているように思われる。日々私たちがとらわれてしまいそうな思い込みや傲慢や先入観を改めて考えさせてくれる言葉である。愛を紡ぐとはきっと「勝ろう」とか「跪《ひざまず》かそう」とかいう思いを捨てることで、紬をつむぐ人たちは、思うようにはかどらない仕事に心を苛まれながら、いつしかそうしたことに気づく。それは、何かを育てようとする人全てに共通することでもある。

「アイツムギ」の歌詞は私の記憶に働きかけ、このようなことを考えさせるのだが、それゆえ私の心に残る歌詞になった。これは、セジウィックのいう、世界をよりよく生きるにはどうしたらいいか、という問いに対する一つの答えを、川村結花という人が言葉として表現し、それが城南海の歌声を通して、私の心に届いたということではないか。「アイツムギ」の歌詞はそのようにして私の記憶に残った。私は生き方について何かを伝えられたのだが、その何かが私の内部の記憶のどこかと重なりあったのである。

2 新しい関係の発見としての詩

西脇順三郎という詩人の『詩学』(筑摩書房、一九六九)は、学生の頃に私自身が読んで影響を受けた詩の読み書きのための理論書である。「詩とは何か」という問いだけでなく、「詩の働き」について考えるきっかけをもたらしてくれるところにその魅力がある。この本の中で西脇が行った「ポエジイ」(詩性)の定義の一つに「ポエジイとは新しい関係を発見することである」という一文がある。この言葉に出会った時の驚きを覚えている。「新しい関係の発見」が「詩」だというその考え方に、詩の言葉同士の働きについて表面的にしか考えていなかった私は、大きな衝撃を受けた。

日本の詩教育の理論で、このことを意識的に主張したのが、足立悦男『新しい詩教育の理論』(明治図書、一九八三)である。同書の中には、当時最先端の詩や詩論を発表し続けていた荒川洋治の

「醜仮廬」という詩の読みの実践が収められている。「日常のありふれた素材から、日常性を超えるモチーフの生み出された例」として、石垣りん「表札」、吉野弘「夕焼け」を例に講義をした後、足立はこの「醜仮廬」を学生と一緒に読んでいる。「言葉の亀裂との出会い」を目指して行われたその実践は、大学での授業報告だが、読者の中に詩を起こす実践としていま読んでも刺激的だ。

醜仮廬

荒川洋治

空模様
それだけで人出があった
出たついでに
仲間で野草を見ている
川流れのもので
そうめずらしいものではないという
この、しきかりいお
ちかくにあった誰かの釜も
ひろうことになって

うしろ手のおとこがおそるおそる
近づき
米を入れ、それでもさびしく
最後にはたまりかねて
底の水に映って帰る
この、しきかりいお
花が買われ
人の出がひき
ちからはしおれながらのこった
撒かれているしおじお
この、しきかりいお

ちいさいもんだけど
これ、水からとれた魚なの
といって
近在の子が
ひかりものを寄越した
骨のあるところを
見せて眠れ
この、しきかりいおは

荒川の「醜仮廬」をはじめて読んだ時には、私もどのように意味をつくり上げていいかわからなかった。まず、タイトルをどのように読んでいいのかわからない。「醜い仮の廬《いおり》」とは一体何だ。意味がとれない。いやそもそも、あえて各行が意味的な繋がりを持たないように書かれている詩なのだから、当然のことかもしれない。そうした意味を求めるものの苦吟のような言葉が頭の中に響きわたる。

しかし、言葉にはできなかったが、それまで読んだ詩にはない響きとイメージが頭の中に広がった。再読、三読、四読……と繰り返す中で、鮮烈なイメージについての問いや言葉が浮かぶ。「川流れのもの」って何だっけ、「ひかりもの」とはどういうものかな、どの連の最後にも「しきかりいお」ってあるけどタイトルと関係しているのかななどと、詩を読む過程で浮かんだいくつもの疑問とそれについて考えたことを誰かと話したくなる。鑑賞というか、解釈そのものを、他の人と協働でつくり上げていくほかかない。そのような気にさせられる詩である。

足立が大学の授業でこの詩を扱ったのは、読者がすんなりと詩の「意味」をつくり上げることのできない状況に学生たちを追い込み、「意味」のわからなさそのものを共有して、新しい「意味」の創造に向かわせようとしたからである。

足立は新任教師の頃、高校の授業で教科書にあった三好達治の『測量船』所収の詩を、どう教えたらいいか見当がつかなかったという「つまずき」のことを「近代詩の名作ではあっても、詩と私、詩と生徒の間には大きな溝があるように思えて、詩は難しくて教えられない、という体験」であったという（足立、二〇一〇）。この「詩と私、詩と生徒の間」の「大きな溝」が「わからなさ」の源であり、後に足立が「認識の亀裂」と呼ぶ事象となる。そして「醜仮盧」の実践で足立は、新任教師時代とはむしろあべこべに、学生を「認識の亀裂」と出会わせる目的で荒川の詩を選んだ。

すなわち、言葉同士の「新しい関係を発見する」営みを、教室の中に生み出そうとしたのである。

「醜仮廬」は「そこへ到達する点」ではなく、「そこから出発していく点」として書かれた詩だと思われるし、足立も「そこから出発していく点」としての「醜仮廬」の特徴をいかして、これを読者が時に一人で、時に交流をして「新しい関係を発見する」場としたのである。詩を「そこから出発していく」として、読者が新しい関係を発見する契機とすることによって、読者の中に「意味」が生み出される。

3 読者の中に出来事を生み出す——出来事の起こり方（a way of happening）としての詩

アメリカの文学理論家であったルイーズ・ローゼンブラットは、オーデンという詩人が、これも詩人のイェイツを偲んでつくった詩の意味を掘り下げて、人間にとって詩とは何かという問題を深く考察した。彼女はオーデンの詩の「詩によって何も変わることはない。……それは生き残った、物事の起こり方だ」[ii]という部分を捉え、意味づけ、文学（詩）とは、オーデンのいうように「物事の起こり方」なのだということを私たちは忘れているといって「詩は、読み手や聞き手が加わるからこそ、一つの物事に、つまり出来事になるのです。読者は、残された言葉の連なりから詩を呼び起こすことで、一つの出来事を生み出すのです」という。

彼女は、「詩」そのものが「物事の起こり方（a way of happening）」であり、その「起こり方」は「特別」だともいっている。説明文などの情報テクストとは異なって、詩は何らかの目的を果たすためのツールでも道具でもない。情報テクストなら読みの過程よりも読んだ結果が重要になる。だから言い換えたり、要約したりすることが重要になるけれども、詩はそうではない、と彼女は強く主張する。詩の言葉の要約をすることが詩の読みなのではなくて、読みながら私たちの頭の中で起こっていることの特徴や性質に目を向けるのが詩を読むということであって、そのようにして詩と読者との間に生じた生きた回路こそが文学経験なのだともいう。

「詩」が「物事の起こり方」つまり出来事なのだとすれば、当然その進行中の出来事には、詩の受け手「読み手、聞き手」も加わっている。少なくとも「詩」は単なる対象ではなく、インクのシミでもない。オーデンはイェイツの死に際して、イェイツ自身の肉体と精神は亡きものになったけれども、彼の書いた「詩」は残ると書いた。イェイツの死によって、詩は詩人から切り離され、贈り物として残されたともいっている。

国語教科書にはたくさんの詩が掲載されているが、子どもたちにとっても、教師にとっても、それらの詩はそのままでは自分のものではないし、またローゼンブラットのいう「出来事」でもない。読者としての一人ひとりがそれを一つの出来事にするための「物事の起こり方」なのである。私達は、詩人によって残された言葉の連なりを読むたびに、実は一つの出来事をつくり出している。事件を起こしているのである。

そうはいっても、教科書の詩に傍線を引いたり、書き込みをしたりすることはできるではないか、短いものなら、構造を捉えることもできるではないかといわれるかもしれない。しかし、その一つひとつの営みは読者によって違う。

では、同じ「物事の起こり方」でも、電化製品の取り扱い説明書を読んだり、新聞を読んだりすることと、授業で詩を読んだり小説を読んだりすることの違いは何なのだろう。もし違いがない、というなら、特別に授業で詩を読む必要はないということになってしまう。何が違うのだろう。

詩を読むときに、私たちはそのまま没頭し、「出来事」への能動的な参加者になります。そして言葉の連なりが私たちの内部に喚起したものに気づくのです。鑑賞や対象やイメージやアイディアに向かいます。人生や言葉についての自らの過去の知識をそこに持ち込むのです。それがもっとたくさんの感情や詩の雰囲気を生み出すというわけです。（Rosenblatt, 1968, p.341）

新聞記事や薬品の説明書を読んでもこうした事態は生じない。ローゼンブラットは教室での詩の読み書きそのものが「出来事」になるのだといっている。日常の新聞読書はおそらくそういうことにならない（「事件」について新聞に書かれたその内容を熟読はするが、その読書行為が「事件」になることはおそらくない）。その読者にとってのいわば事件になるようなことが起こる場が詩の授業だといっている。人生が物事や出来事に満ちているように、詩を読み書きするという出来事（事件）を生み出されるのが詩の読み書きの授業なのである。

その時に、教師は何をする必要があるのか。

文学の教師の仕事は、こうした特別な「物事の起こり方」を手助けすること、つまり、言葉に対する鋭敏で個人的な反応の仕方、文章と関わる自己意識の手助けをすることなのです。（Rosenblatt,

1968, p.341)

教師が「物事の起こり方」を手助けすることの重要性を指摘した文である。と同時に、この考え方は、「詩」を「そこから出発する点」として捉えることを前提としているように思われる。明らかに「詩」の解釈がゴールではなく、「言葉に対する鋭敏で個人的な反応の仕方」や「文章と関わる自己意識」を引き出すことが教師の役割だとしているのだ。

4 詩の読み書き＝自他の類似性と差異、緊張関係と愛情を探究するプロジェクト

ここまで考えてみると、「発見」の契機としての詩の学習はもはや「読むこと」の領域を超え出て、児童詩教育の果たしてきたことと問題を共有することになる。この領域を先導した国分一太郎は『日本の児童詩』（百合出版、一九六〇）の「おわりに」で、ある本の編集会議での一コマを描く。その会議で、桑原武夫（『文学入門』（岩波書店、一九五〇）などでいちはやく読者論的な文学論を具体的に提起した）らと話す中で「子どもの文字・文章表現活動としても、『詩』を書かせるのはよくない」という議論が生じた。国分はその会議の席で反論はしたものの、自身と桑原らの「詩」概念が大きく異なることに気づいた。その上で「わたしのこの論文集は、じつは、この点に関すること＝日本の児童詩は子どもを発達させるためのしごととして教育界のものになっていること、児童詩の『詩』イコール成人の文学世界でいう『詩』ではないことを、おたがいに正しく再確認するために、あえて世に

問われるものである」という。

この国分の「詩」観は、冒頭でも取り上げた英国のフレッド・セジウィックの「詩」観とも通じる。

詩は私たちに自分自身について、私たちのまわりの世界について、そして私たちのことばについて教えてくれるものだ。私たちが書いているものも、(さらに重要なことに)書こうとしているものにしても、いずれの詩も、私たち自身と私たちのまわりの他者(あらゆるもの)との間に存在する、類似性と差異、緊張関係と愛情、をささやかながら探究するプロジェクトなのだ。(Sedgwick, 2001, p.44)

異なる文化から生まれたもの同士を比較したり結びつけたりすることにはもちろん慎重でなければならないが、「児童詩」は子どもを発達させるためのものとし、大人の詩と同じに括ることのできない独自の「詩」概念を内包するという国分の見解は、セジウィックのいう「プロジェクト」の重要な前提になっていると思われる。そして、広島大学附属東雲小・中学校での詩とイマジネーションの教育も、子どもを発達させ、自他の類似性と差異、緊張関係、そして愛情について探究するプロジェクトとして定位することができる。

(山元 隆春)

● 参考・引用文献 ●

足立悦男（一九八三）『新しい詩教育の理論』明治図書

足立悦男（二〇一〇）「異化の詩教育学：その構想と展開」『論叢国語教育学』復刊1号、pp.1-11

荒川洋治（一九八一）『荒川洋治詩集』思潮社

国分一太郎（一九六〇）『日本の児童詩』百合出版

中井悠加（二〇一一）「イギリスにおける詩創作指導に関する研究：Fred Sedgwick の理論と実践を中心に」『国語科教育』69集、pp.27-34

西脇順三郎（一九六九）『詩学』筑摩書房

Sedgwick, Fred(1997) *Read My Mind: Young Children, Poetry, and Learning.* London and New York: Routledge.

Sedgwick, Fred(2001) *Teaching Literacy: A Creative Approach* . London and New York :Continuum.

Rosenblatt, Louise M.(1968) A Way of Happening. *Educational Record*, Summer, pp.339-346.

---

i　なお、「発見としての詩」を重んじたセジウィックの詩創作指導論については、既に中井悠加（二〇一一）において詳しく考察されており、この論文に筆者も多くを学びました。ご学恩に感謝します。

ii　ローゼンブラットが話題にしているオーデンの詩については、「一九三九年一月に死去せるW・B・イエーツを偲ぶ」（加島祥造訳）「W・B・イェイツをしのんで」（中桐雅夫訳）などの訳があります。ここでは、それらの訳詩を参照しながら、ローゼンブラットの引用にもとづいて、筆者が仮訳しました。ローゼンブラットの引用意図を考慮しながらの訳になっていますので、既訳とはニュアンスがかなり異なることをお断りしておきます。

第二章　詩とイマジネーションの教育の実践

広島大学附属東雲小学校と東雲中学校の取組について

1　国語科における「学びを豊かにする」とは？

広島大学附属東雲小学校・東雲中学校は、『グローバル時代をきりひらく資質・能力』を育むための学びを豊かにする授業の創造―教科等の独自性を生かした東雲がめざす授業の方向性―」をテーマに研究を進めてきた。東雲小学校・東雲中学校が考える「学びを豊かにする」とは、子どもたちの主体性・協働性・多様性を複数の視点からくり返し表出・伸長する学びとしている。

各教科等の授業はもちろん、学校で行われるあらゆる活動において、子どもたちが主体性・協働性・多様性を発揮する場は多くあるだろう。目的の達成に向けて、また問題解決に向けて、主体的に取り組む中で、ちがう考え方や感じ方があることに気づいたり、協力して達成できた喜びを感じたり、失敗して次はどうすればよいかを考えたりしながら子どもたちは成長していくものである。そうした学びや経験をくり返すことを通して、創造する喜びや協力することの大切さ、相手への配慮、寛容的に受け止める態度など、大切な価値を本当の意味で自分のものにしていくことができる。

国語科における「学びを豊かにする」とはどう考えたらよいだろうか。「国語科における」とは、「言葉の」「言葉による」「言葉を通しての」学びにおけると置き換えられるだろう。私達が知識・技能を獲得する時、あるいは問題を解決するために思考し表現する時、それらは全て言葉を媒体にしているといっても過言ではない。また、言葉の意味や働き、使い方に着目しながら関係性を問い直したり、新たに意味づけをしたり、自分の考えを広げたり深めたりするといった内面の働きにおいても言葉の役割はとても重要になる。

国語科がめざしているのは、言葉で考え、言葉で表現し、言葉を手がかりにして想像をふくらませたり、状況を判断したり、理解をさらに深めたりする、そんな経験を積み重ねることで「豊かな言葉のつかい手」として成長していくことである。その過程の中では、異なる考え方や価値観が表出されたり、同じ考え方でも根拠や理由づけによってちがいが浮き彫りになったりする。学びの場では、こうした異なる考え方や価値観が共有され、そこに含まれる矛盾や葛藤、対立やずれなどをさらに吟味・検討していくことで、学びが深められていく。ここに学びの本質がある。そして、何を根拠にして考えがどう変わったのか、新たに気づいたことは何なのかを自分の言葉で整理し、自覚化することが学びを成立させる上では大切になるであろう。

つまり、国語科における「学びを豊かにする」とは、言葉の、言葉による、言葉を通しての学びの中で、子どもたちが主体性・協働性・多様性を表出し、伸長していく経験をくり返すことで、学びの本質に迫ったり、学びそのものを豊かにしたりすることだととらえている。

2 めざす子ども像

豊かな言葉のつかい手であること

東雲小学校・東雲中学校国語科では、九年間でめざす子どもの姿を「豊かな言葉のつかい手」であることとした。「豊かな言葉のつかい手」とは、二つの意味を内包している。一つは「『豊かな言葉』のつかい手」として、豊富な語彙を備え、場や相手に応じて適切な言葉や効果的な表現を選択できる知識や技能を備えているものである。もう一つは「豊かな『言葉のつかい手』」として、社会生活において自分の思いや意見を相手に伝えたり、相手の考えや意見を理解したりしようとする資質・能力や態度を身につけているものである。

人との関わりの中で、よりよい関係を保ちながら自己実現をしていくことは重要であるが、容易に身につくものではない。自分の考えやもの・ことのとらえ方を内面で閉じてしまうだけでなく、生きた人との関わりの中で自分の言葉として表出することが肝要である。そうした意味で自己実現は自己表現することぬきでは考えられない。そのためには、学習の場をよりリアルな場にし、目的や相手意識を高めた学習活動にすること、身につけさせたい知識や技能を明確にして実際に活動する場面をくり返し経験すること、そして教えたいことを学びたいことに転化し、自分の力を発揮する中で自然にできていること、こうした学習経験を積み重ねることで自己実現を図っていきたい。

また、個の学びを深めたり、広げたりするためには、他者の考えを知り、比べ、自分の考えを見つめるといった集団としての学びが欠かせない。異なる考え方や価値観をもったものどうしが真剣に向き合い、その根拠や理由のちがい、表現の細かなニュアンスのちがいなどを話し合い、「もの・こと・人」への認識を変容・深化させていく過程を大切にしなければならない。こうした自己実現への高みは「豊かな学び」を通してこそ醸成されるものである。子どもたちの主体性・協働性・多様性が、様々な場面において発揮されるような授業づくりを通して、めざす姿に迫っていきたい。

3 詩の創作の取組について

(1) なぜ詩の創作なのか

豊かな言葉のつかい手となるためには自己表現すること（自分の見方・感じ方をもとに自分の言葉で表現すること）が核になるととらえている。そして、子どもたちが言葉で日常生活・自分を見つめ直し、見方・感じ方を豊かに表現できる詩の創作は、子どもたちを豊かな言葉のつかい手にする切り込み口として最適であると考えた。想像力を働かせて詩を創作することは、子どもたちが主体となって対象をしっかり見つめ、自分なりにとらえ、新しい見方を発見することである。同じ対象を見つめたとしても、人によってそのとらえ方がちがうことも起こり得る。そこに個性の発見や見方・考え方を広げるきっかけが存在している。詩の鑑賞ではなく、詩の創作をテーマにした理由はここにある。

豊かな言葉のつかい手を育てようとする時、まず、言葉としっかりと向き合う場面を授業でどのようにつくるかということを考えなければならない。「詩の創作」は、体験したことや想像したことなどをもとに、自分の伝えたい「もの・こと・人」を言葉を吟味して選び表現する活動である。さらに子どもたちが日常使っている言葉の意味を広げ、新たな見方や発想を生み出す契機にもなり得る。つまり、詩を創作する活動は、日常からかけ離れた想像力や対象をとらえる認識力、それらを表現するために語彙・文・文章といった言語力を育成する上でとても意味のある活動になる。また、創作した詩を互いに読み合い交流することで、さらに言語感覚が磨かれ、見方や感じ方をより鋭く、深く、豊かにすることもできるだろう。

例えば、入門期の小学一年生で、遊んだことを作文にする時、教師は、遊んだ様子や思いが読み手に伝わるように「いつ、どこで、だれと、何を、どのように、どう思った」など、その時の様子や思ったことを詳しく書くよう指導する。詩ではどうだろうか。教師は、「遊んだことをそのまま書いてごらん」と話し、「おにごっこをした／おににになった／たのしかった」といったリズムのある、短い文を認めるだろう。最初は、したことや見たことをありのままに素直に表現するが、学年が上がるにつれてどの言葉を使えば自分の体験や思いを効果的に表現できるかと、言葉を吟味し選ぶようになる。同じ体験でも、言葉の選び方や言葉の配置がちがってくることで、面白さも生まれてくる。中学三年生にもなると、表現する内容は、実際に見えている具体の「もの・こと」から、時間や空間を超えてより抽象的で、より複雑なものになってくる。そのため、自分の思い描いた世界を相手に伝えるためには、いっそうの表現の工夫が必要となってくる。

このように詩の創作過程において、自分の思いに合う言葉を選んだり言葉の配置を考えたりすることにより、言葉の面白さに触れ、言葉を大切にする心が育まれる。詩の題材についても、子どもたちが興味・関心を持つものや感動したことを題材にするのはもちろんだが、いつもは何気なく見たり見逃したりしているようなものにも目を向け、意識し、題材を見つめる目を広げることができるようにしたい。このように題材に変化をもたらすことにより、自分の生活を見つめ想像力を発揮して、言葉を吟味し選びながら詩を創作する経験をできる限り増やしていきたい。また、詩を読み合い交流することで、表現した言葉の意外性、妥当性など、自分のイメージとのちがいに気づくだろう。そのちがいをよさとして認め合う中で、柔軟な発想や相手を尊重する態度を身につけることができる。そして、異なる考え方や価値観を持ったものどうしが互いのよさを受け入れ、認め合い、価値観を共有する中で、改めて自分の考え方や価値観を問い直すようになる。こうした学習経験を積み重ねることで、新鮮な目で対象をとらえ、言語感覚を磨き、言葉を選び表現する豊かな言葉のつかい手へと育っていくだろう。

(2) 各学年段階における目標

◇第Ⅰ期前半（小学校一・二年）

○見たことや経験して感じたことや想像したことを素直に自由な気持ちで表現することができる。
想像力：生活の中での具体的な出来事や設定された場面・状況から想像をふくらませて詩を書く。
認識力：対象をよく見るようにし、ぴったりの言葉を探す。
言語力：詩と作文の形式の違いを知り、一番言いたいこと、強く思っていることを取り出して書く。

◇**第Ⅰ期後半（小学校三・四年）**

○自分の思いが伝わる言葉を見つけて表現することができる。

想像力：目に見えない心の動きを表現したり、自分なりに想像した世界を表現したりする。

認識力：自分にしか書けないことを選び、言葉を選んで詩を書く。

言語力：「うれしい」「楽しい」「おもしろい」「悲しい」などの言葉を使わず、様子や動きを書く。むだな言葉を省き、リズムや連の構成を考えて詩を書く。

◇**第Ⅱ期（小学校五・六年、中学校一年）**

○日常生活での感動や想像の世界を、自分の見方・感じ方を大切にしながら、詩の形式を用いて自分の言葉で表現することができる。

想像力：現実の出来事と関係づけて新たな意味や象徴的な意味を含めた表現をする。

認識力：対象を深く見つめ、自分の見方や感じ方を意識して詩を書く。

言語力：主題が伝わるように言葉の配置を考えたり、言葉を選んだりして詩を書く。

◇**第Ⅲ期（中学校二・三年）**

○「もの・こと・人」に深く共感したり、豊かに想像したりしたことを、詩の形式を用いて自分の言葉で効果的に表現することができる。

想像力：言葉やその関係の中から生まれる創造的な世界を表現する。

認識力：対象を深く見つめてその本質をとらえて詩を書く。

言語力：伝えたい詩の世界観を磨き上げた言葉で表現する。

(3) 各学年段階における「詩の創作」の活動例

	◆現実の世界での詩の創作	◇虚構・想像の世界での詩の創作
第Ⅰ期前半（小学校一・二年）	**◆友達・家族を対象に、見たことや思ったことを短い言葉で表現する詩の創作** ・友だちのこと、家族のこと教えるよ	**◇言葉遊び** ・あいうえおを使って ・「○ん○ん」を使って **◇言葉による場面設定から想像を広げる詩の創作** ・坂道を上ると ・つぼの中に入ると
第Ⅰ期後半（小学校三・四年）	**◆身近な人や物・出来事を対象に気持ちを動きや行動で表現する詩の創作** ・気持ちを詩に	**◇なりきりや変身による詩の創作** ・昆虫の世界 ・教室の世界 **◇絵から発想を広げる詩の創作** ・絵を見て想像しよう
第Ⅱ期（小学校五・六年）（中学校一年）	**◆自分自身を対象に、多面的多角的にとらえて表現する詩の創作** ・わたし	**◇意味の違う言葉群から偶然出会った言葉を使っての詩の創作** ・形あるものとないもの **◇共同で創作する「連詩」の創作** ・連詩に挑戦しよう
第Ⅲ期（中学校二・三年）	**◆◇「もの・こと・人」を対象に、伝えたいことが伝わるように適切な言葉を選び、工夫して表現する詩の創作** ・詞華集を作ろう	

⑷目標達成のための指導と手立て

どの学年段階においても、多くの詩にふれる機会を増やしたい。朝の会で声に出して読んだり、教師のお気に入りの詩を紹介したり、文集の形でまとめたものを配付したりする。そうした場を設けることで、自然に、そして感覚的に、詩とは何かをつかみ、リズムや表現技法などにふれる経験をしておくことは、詩を創作する上での大切な土壌づくりになる。

第Ⅰ期前半では、見たことや経験したこと、想像したことなどを素直に自由な気持ちで表現する場を意図的に多く設定する。また、リズムを感じて表現する喜び、声に出す楽しさを体感させるために、詩の音読や言葉遊び、簡単な詩の創作に取り組む場を増やしたい。その中で、作文と詩の違いを意識させ、したこと・見たこと・話したこと・聞いたことなど短い言葉で端的に表現することが詩であることに気づかせていく。

第Ⅰ期後半では、前半の「素直に短く自由な気持ちで表現する楽しさ」に加えて、自分の思いを豊かに表現することを大切にする。楽しい・うれしい・悲しいなど、どんな時にも当てはまる便利な言葉をつかうのではなく、様子や動きなどに関係づけて表現することの効果に気づかせるようにする。その中で、むだな言葉やいらない言葉と本当に必要な言葉とを区別して考えて言葉をつかうことも考えさせたい。また、昆虫や教室の中にあるものなどに変身してそこに広がる想像の世界を詩に表現するなど、視点の転換を図る詩の創作を取り入れていく。

第Ⅱ期では、いろんな見方や感じ方がある中で、自分の見方・感じ方を大切にして自分の言葉で表現するような詩の創作に取り組む。その中で対象を自分がどのように見、感じたかというとらえ方の意識化・自覚化を図りたい。この時期は、自分の思いを誠実に素直に表現することへの照れや難しさが予想される。文語詩や翻訳詩にふれる機会を増やし、定型の詩の創作を取り入れることで、抵抗感を和らげたい。また、関係ない言葉どうしをつなぎ合わせての詩の創作や、自分の発想だけでは立ち上がらない詩の世界を友達と協力して創作する連詩の取組なども取り入れていく。

第Ⅲ期では、第Ⅱ期よりも対象を一層深くとらえ、本質に迫る詩の世界を自分の言葉で効果的に表現することをめざしたい。そのためには、語彙を増やすことはもちろん、一つひとつの言葉に対して研ぎ澄まされた感覚を持つことが必要になる。言葉の意味をそのまま理解するだけでなく、言葉と言葉の関係や書かれていない行間から生成される詩の世界をも大切にしていく。そして、微妙な表現のちがいからニュアンスのちがいに気づいたり、表現の工夫に対して認め合ったり共感したりすることで、様々な見方や感じ方を共有し、質的にきめ細かくて鋭い言語感覚を磨きたい。

（谷　栄次）

参考文献

足立悦男（二〇〇〇）「異化の詩教育学　教材編成の理論と方法」『島根大学教育学部紀要』第34巻、pp.1-18
江口季好（一九九一）『詩情のある教室　児童詩教育の理論と実践』エミール社
児玉忠・大阪児童詩の会（二〇一二）『見つめる力・発見する力を育てる児童詩の授業』銀の鈴社
児玉忠（二〇一七）『詩の教材研究「創作のレトリック」を活かす』教育出版
山際鈴子（一九九五）『かぎりなく子どもの心に近づきたくて　パートⅠ』教育出版センター
山際鈴子（一九九五）『かぎりなく子どもの心に近づきたくて　パートⅡ』教育出版センター

第Ⅰ期（小学校一・二年）

単元　ことばからそうぞうしてしを書こう

1　単元の目標

○言葉から想像し、詩を書くことができるようにする。
○創作した詩を聞き合い、感想を伝えたり表現の違いや感じ方の違いを知ったりして、自分や友達のよさに気づくことができるようにする。

2　「学びの豊かさ」の視点

本単元では、言葉から児童が想像した世界を詩に書く活動を構想した。低学年の児童は、物語の登場人物に同化しお話の世界を楽しむ。このような実態から、イメージを喚起する表現からお話を想像し、そこから詩の創作を楽しむことができるのではないかと考えた。児童一人ひとりが想像した世界を絵に描くことで、その世界はさらに広がり、より具体的になる。本単元を構想するに当たって、「児童の言語生態研究」の作文の実践を参考にして、「あの雲の向こう」「あの橋を渡って」「このつぼの中」「この穴から出たところ」といったイメージを喚起する表現を選んだ。

3 単元計画（全七時間）

次	時	学習活動	指導上の留意点
第〇次		○不思議なお話を聞こう。 ○「気きゅうにのって」からお話を想像し、詩を書こう。 ・自由に絵を描き、絵から詩を書く。	○児童の思いや願いが膨らむような絵本を選び、読み聞かせをする。 ○気球の絵を提示し気球を説明することで気球をイメージし絵を描きやすくする。
第一次	1	○言葉から想像して詩を書くために、「気きゅうにのって」の詩を読み合おう。 ・描いた絵も一緒に見て自由に読み合う。 ○詩を複式中学年の児童と聞き合おう。	○詩を読み合い、感想や質問を伝えることで、詩の楽しさに気づき、創作への意欲を持つことができるようにする。 ○活動目標を知り、学習への見通しを持つことができるようにする。
	1	○「〇〇」から想像して絵を描こう。 ・「あの雲のむこう」の絵を描く。（一年） ・「このつぼの中」の絵を描く。（二年）	○第1時から第5時は、学年別指導を行う。 ○雲の写真、つぼの写真、つぼ（実物）を提示し、雲やつぼをイメージしやすくする。 ○机間指導を行う際、絵を見ながら児童の思いを聞き、ありのままの言葉を大切にした表現
	2	○「〇〇」から想像して詩を書こう。 ・「あの雲のむこう」の詩を書く。（一年）	

次	時	学習活動	留意点
第二次		・「このつぼの中」の詩を書く。(二年)	ができるように助言する。
	3	○「○○」から想像して絵を描こう。 ・「この橋を渡って」の絵を描く。(一年) ・「この穴の出た所」の絵を描く。(二年)	○橋や穴の写真を提示すると、橋や穴のイメージを限定すると思われるため、言葉のみの提示で絵を描くようにする。
	4	○「○○」から想像して詩を書こう。 ・「この橋を渡って」の詩を書く。(一年) ・「この穴の出た所」の詩を書く。(二年)	○机間指導を行う際、絵を見ながら児童の思いを聞き、ありのままの言葉を大切にした表現ができるように助言する。
	5	○詩を清書する。 ・自分で修正したい箇所や教師が修正を指示した箇所を確認し清書する。 ○詩を読み合おう。 ・絵も一緒に見て自由に読み合う。	○教師が修正した箇所については、その理由を個別に説明するようにする。 ○自由に読み合い、感想や質問を伝えることで詩を楽しみ、互いのよさに気づくことができるようにする。
第三次	1	○学習のまとめをしよう。 ・複式中学年の児童と詩を聞き合う。 ・本単元の学習をふり返る。	○絵も見て感想や質問を伝え合い、互いのよさに気づくことができるようにする。 ○学習をふり返り思いを書くようにする。

4 授業の実際

◇単元前の土壌づくりとして

教室で不思議なお話の絵本を読み聞かせた（「ぞうのさんすう」ヘルメ・ハイス作、「チョコレートをたべたさかな」みやざきひろかず作、「ウエズレーの国」ポール・フライシュマン作、佐野洋子さんの絵本等）。子どもたちは、「こんなことをしてみたいな」「こんなことができたらいいな」と願いや夢を思い描きながら話を聞いたであろう。このような思いや願いが、本単元の詩の創作を楽しむことにつながると考えた。絵本は教室に置いた。また、二年生の詩も紹介した。一年生は二年生の詩を読んで詩を創作する意欲を持ち始めた。二年生も一年生の反応を見て詩の創作に意欲を示した。

◇詩を創作するための実態把握

本単元を指導するに当たって「気きゅうにのって」からお話を想像して詩を書かせ、実態把握を行った。「気きゅうにのって」と提示するだけでは、想像を膨らませて詩を創作することが難しい子どももいると予想されるため、自由に絵を描く時間を設けた。気球は、子どもたちの身近にある物ではない。気球の絵を提示し、気球はどのような物でどのように使うかを話すことにより、気球をイメージしやすくした。子どもたちは、「空の上に行きたいな」「宇宙まで飛んでいくかな」「宇宙人に会いたいな」とつぶやきながら絵を描いた。一人ひとりが違った世界の絵を完成させた。詩も二十分程度で書き終えた。自由に絵を描くことで詩を創作できることがわかった。

◇第一次　第1時　「気きゅうにのって」の詩を読み合おう

「気きゅうにのって」から想像し、気球に乗って行った所を、次に示す。

【一年】
- アマゾン
- 宇宙　三名
- コンビニ
- 空
- 秘密の国
- 虹色の空
- 動物園

【二年】
- 宇宙　二名
- マリオの国
- 動物園
- お菓子の家
- わたあめの国
- キラキラ夜の国
- お菓子の国

キラキラ夜の国　　二年

キラキラ夜の国
キラキラ
ユニコーンがはしってる
キラキラキラ
ながれ星がながれているよ
キラキラキラララ
お月さまがロマンチック
ハートもいっぱい
にじもあるよ
夜のふうけいがきれいだな
小さなこおりがかくれてる

現実には行くことができない所に多くの子どもたちは行った。宇宙へ行った子どもは、最後に「宇宙をこえた」と書いた。想像が無限に広がっている。わたあめの国へ行った子どもは、わたあめ、虹、太陽、空、気球も食べて、最後に「もう止まらない／そしたら目がさめた／それは夢だった」と書いた。何でも食べたいという夢を表現している。「キラキラ夜の国」の子どもは「小さな氷は星の中に隠れている」と話した。この氷は子どもが現実で抱えている課題を表現しているのかもしれない。一人ひとりの表現のよさを褒め認めることで、本単元への意欲と見通しを持つことができるようにした。

◇第二次　第1・2時　「あのくものむこう」（1年）・「このつぼの中」（二年）の詩を書こう

第1時は絵を描いた。一年生には、入道雲や鰯雲、わたあめのような雲の写真を提示した。二年生には、細いつぼ、ずんぐりしたつぼの写真とつぼ（実物）を提示した。子どもは、雲やつぼを意識して生活していないと思われたからである。雲は空にあり空は限りなく広がるイメージがある。つぼは、中を覗くと暗く狭く限定されたイメージがある。これらのイメージを喚起する表現からお話を想像するだろう。一年生は「『くじらぐも』も雲だね」とつぶやいた。二年生は「つぼは花瓶みたいな物だね」と頷いた。どのように絵を描いてよいか迷っている子どもには思いを聞いて助言し、絵を描くことができるようにした。

第2時は、絵をもとに詩を書いた。右の「しかくい空」は、全部が四角になる話である。詩の最後

しかくい空　　一年

あるところに
Mくんとぼくが
すんでいました
あさぼくがおきました
Mくんもおきました
ふたりは
ヘリコプターに
のりました
空につきました
すると　ぜんぶが
しかくになりました
つぎに
ほしがおちてきました
ぜんぶが
しかくになったので
いえをつくりました
まるいいしがありました
きれいだね
まるいいし
まるいいし

に「まるいいしがありました／きれいだね／きれいだね／まるいいし／まるいいし」と書いた。四角は、子どもが現実では自分の思いが伝わりにくいと感じていることの表現で、丸い石は子どもの願いを表現したのかもしれない。子どもに「先生も四角なのかな」と聞くと、笑顔で「そう、先生も四角ですよ」と答えた。

右の「つぼの中のフラワーランド」では「つぼの中を／のぞいたら／おっこちちゃったよ／おっこちちゃったよ」と書いた。子どもはつぼの中へ落ちて現実から想像の世界へ入った。服も変身してピンク色。髪飾りも靴もピンク色。「さくらは／雪のように／お花見のように」と比喩で春を表現した。優しくてきれいで幸せな世界を夢見る子どものイメージが表れている。「桜が好きなんだね」というと「はい、ピンク色の桜がいっぱい咲いているのが好きです」「でも、桜が散るのも好きです」と答

つぼの中のフラワーランド　二年

つぼの中を
のぞいたら
おっこちちゃったよ
おっこちちゃったよ
中にはね
野原いちめん
花ばたけ
ふくもへんしん
花つみだ
さくらも
ちってる
春みたい

つぼの中は
花ばたけ
きれいなけしき
きれいなけしき
鳥もね
野原いちめん
とんでるよ
きれいな花を
つんでいた
さくらは
雪のように
お花見のように

えた。この詩には、子どもの生活経験に基づきつつも、それを超えた深いイメージの表れが見られる。

◇第二次　第3・4時　「あのはしをわたって」(一年)・「このあなから出たところ」(二年)の詩を書こう

第3時は絵を描いた。一年生には「橋を渡ったことがありますか」、二年生には「穴って知っていますか」と問いかけた。子どもたちは知っている橋や穴のことを話した。イメージを大切にするために写真は提示しなかった。橋を渡ることは川も渡ることで、現実とは違う世界へ行くイメージがある。穴から出た所は、暗いトンネルを抜けて明るい広い世界へ出るイメージがある。このようなイメージを喚起する表現から子どもは自由に想像を膨らませることができる。

はしのむこうのレインボーおうこく

一年

はしを
わたるとね
おうこくが
あったんだ
おうこくは
レインボーなんだ
とけいも
レインボー
ぜんぶ
レインボーなんだよ
へいたいが
ふたりも
いたんだよ
はいるとね
かべも
レインボーだったんだ

くももレインボー
いろは七しょくだよ
にじがきれいだね
へいたいのふくは
青とむらさき
ふたりとも
おなじだよ
わたしも
おんなじ
おうこくに
すみたいな
きれいだね

第4時は、絵をもとに詩を書いた。前頁の「はしのむこうのレインボーおうこく」は、何でもレインボー色。子どもも兵隊さんと同じ色の服を着て虹色の世界を楽しんでいる。「虹が好きかな」と聞くと「きれいだから好きです」と答えた。右の「きょうりゅうの町」を書いた子どもは恐竜が好きだ。それぞれの恐竜の特徴を書いている。卵も産む。生きているからうんちもするだろう。子どもは「せなかに／のせてもらったよ／楽しかったな／また来たいな」と書いた。「恐竜に乗れたらすごいね」というと「本当に背中に乗れたら楽しい」と話した。レインボー王国や恐竜の町のように、現実では叶えられないことでも、詩の世界では容易に実現できる。左の「いきもののくらすばしょ」では、橋

きょうりゅうの町

二年

きょうりゅうね
きょうりゅうね
たくさんたくさん
いるんだよ
トリケラトプス
アロサウルス
トリプトサウルス
ちっちゃいメイ
アンキロサウルス
しっぽがすごい
プテラノドンは
空をとべるし
ズンガリプテルス
しっぽが長い
パキケファロサウルス
頭がかたい
プレンオサウルス
水中もぐるよ
ステゴサウルス
しっぽをふるよ

きょうりゅうのたまご
ぱきぱき生まれる
ティラノサウルスの
うんちがあったんだ
くさかったよ
そしたら
ティラノサウルスがいた
せなかに
のせてもらったよ
楽しかったな
また来たいな

を渡ったら暗かったのだろう。ライトを持っている。現実とは違う世界に行ったイメージがある。仲よしのMくんといくつもの橋を渡って冒険している。『『はしがないからかえろう。』／たのしかったね／たのしかったね／いきもののくらすばしょ／いきもののくらすばしょ」という表現で、想像した世界から現実に戻ろうとしている。次頁の「海のぼうけん」では、「あなから出たよ／海に来たよ／ぼうけんしよう」と暗い穴から出て海

【下書き】

いきもののくらすばしょ　一年

Mくんとぼくではし
をわたったよ
さいしょはこわい
けど　だいじょうぶ
ライトがあるよ
はしをわたったら
水ぞくかんについたよ
つぎは　とおくまではしをわ
たると
どうぶつえんについたよ
ぼくが
「ほかのはしおはたろう。」
といったよ
ほかのはしをはたる
とみたこともない
どうぶつをみたよ
Mくんがいったよ
「はしがないからかえろう。」
たのしかったね
たのしかったね
いきもののくらすばしょ
いきもののくらすばしょ

【清書】

いきもののくらすばしょ　一年

Mくんとぼくで
はしをわたったよ
さいしょはこわい
けど　だいじょうぶ
ライトがあるよ
はしをわたったら
水ぞくかんについたよ
つぎは　とおくまではしをわたると
どうぶつえんについたよ
ぼくが
「ほかのはしをわたろう。」
といったよ
ほかのはしをわたると
みたこともない
どうぶつをみたよ
Mくんがいったよ
「はしがないからかえろう。」
たのしかったね
たのしかったね
いきもののくらすばしょ
いきもののくらすばしょ

に来ている。「上をさわったら／ぼよぼよしてた」「にやにやしてる」等、生き物を触ったり見たりしている。最後は「小魚がいそう／たのしいな」と小魚との出会いを楽しんだ。「サメはにやにやしているんだ」というと「面白いでしょ」と、絵を見ながら他の生き物についても話した。想像した海を絵に描くことで、海のイメージはさらに広がりより具体的になった。

詩を書いた後、読み合って感想や質問を伝え合った。

◇第二次　第5時　詩を清書しよう

前時までの読み合いで修正を指摘された所、教師が修正した所、自分で修正したい所を確認して清書する時間とした（前頁「いきもののくらすばしょ」参照）。

5 実践をふり返って

本単元では「あの雲の向こう」「あの橋を渡って」「このつぼの中」「この穴から出たところ」といったイメージを喚起

海のぼうけん　二年

あなから出たよ
海に来たよ
ぼうけんしよう

まず　さいしょに
クラゲを見たよ
上をさわったら
ぼよぼよしてた
そのつぎ
うみうし見たんだよ
海のほう石と
よばれてる
ちがうクラゲも
ミッケ

イソギンチャクは
小魚食べた
イソギンチャクの
つぎには
大王イカが
いたんだよ
マッコウクジラと
たたかってる
大王イカが
まけるよ

ブダイがいたよ
食べたいな
ブダイの下には
サメがいた
何もいないのに
にやにやしてる

見たこともない
海草あった
青くて
へんな
形をしてる
海草の右には
岩があったよ
岩の中に
小魚がいそう
たのしいな

する表現を選び詩の創作をした。子どもの詩を読むと、イメージを喚起させる表現が子どもの生活経験に基づきつつも、そこを超えて深いイメージのあふれ（例えば「つぼの中のフラワーランド」では「つぼの中を／のぞいたら／おっこちちゃったよ／おっこちちゃったよ」と現実から想像の世界へ。「さくらは／雪のように／お花見のように」と春を比喩で表現し優しくてきれいで幸せな世界を夢見る子どものイメージが表れている。）として詩になっていることがわかる。学習後、アンケートを行った。「言葉から想像して詩を書いて楽しかったですか」では全員「楽しかった」と答えた。理由は「言葉を想像すると夢の中でそこに行けるといいなと思う」「詩を聞いてもらって感想を聞けた」等だった。「詩を書くのは上手になりましたか」でも全員「はい」と答えた。「二年生に教えてもらった」「区切りを正しく書けた」等を理由とした。「まだまだいいたいことを詩に書きたい」と意欲を見せる子どももいた。「詩は何でも自由に書けるから楽しい」と子どもはいう。言葉遊びを作ったり少しだけ季語を意識して俳句を作ったりすることもある。これからも豊かな言葉の使い手となるための言葉を大切にした学習に取り組んでいきたい。

（羽場　邦子）

●参考文献●

葛西琢也（一九九七）「トランスフォーメーションの獲得」『児童の言語生態研究』第15号

児玉忠・大阪児童詩の会（二〇〇一）『見つめる力・発見する力を育てる児童詩の授業—山際鈴子の授業を追って—』銀の鈴社

中川節子（二〇〇四）「子どもの語るあの世『あの橋をわたって』（作文）の分析から」『児童の言語生態研究』第16号

日名子太郎（一九六八）「子どもの空想は果てしないか?」『児童の言語生態研究』第1号

単元　ともだちのことおしえるよ（一年）
単元　家ぞくのこと教えるよ（二年）

1　単元の目標

○友達（一年）、家族（二年）を紹介するために、言葉を考え詩の創作ができるようにする。
○創作した詩を聞き合い、感想を伝えたり表現の違いや感じ方の違いを知ったりして、自分や友達のよさに気づくことができるようにする。

2　「学びの豊かさ」の視点

本単元では、一年生はペアの友達紹介、二年生は家族紹介を題材にした。友達や家族の様子、一緒にしたこと、友達や家族への思い等、自分と関わる人について素直に自由な気持ちで表現することをねらっている。家族や友達を紹介するために書いたメモから、言葉を考えて詩を書く。詩にするために言葉を考えることは、言葉とその人との関係とその両方を「結晶化」することである。改めて友達や家族と自分との関係を見つめるきっかけとしたい。書いた詩を聞き合い、表現の違いや感じ方の違いを知ることで、互いのよさに気づく。このような学びを重ねることも学びの豊かさにつながる。

3 単元計画（全六時間）

次	時	学習活動	指導上の留意点
第〇次		○友達や家族の詩を三十編読もう。 ○自分や先生を紹介する詩を書こう。 ○メモの仕方を知ろう。（一年）	○書きたいことやインタビューしたことをメモし、メモをもとに詩を書くことができるようにする。
第一次	1	○友達（一年）や家族（二年）を紹介する詩を書く時、どんなことが書けそうかを話し合おう。 ○詩を複式中学年の児童と聞き合おう。	○話し合いは一年、二年学年別で行う。教師は必要に応じて各学年を指導する。 ○一年生は、インタビューの項目も話し合うように助言する。
	1	○ペアの友達のことをメモしよう。（一年） ・友達の様子や一緒にしたこと、友達への思い、インタビューしたことを書く。 ○家族のことをメモしよう。（二年） ・誰について書くかを決めて、家族の様子や一緒にしたこと、家族への思いを書く。	○どんなことをメモすればよいかを板書しておき、学習の見通しを持つことができるようにする。 ○一年生には、インタビューしながらメモしてもよいことを伝える。 ○二年生には、具体的な出来事をメモするように一人ひとりに声かけをする。

第二次	2	○自己評価・相互評価の観点をつくろう。 ・教師が観点を示し、観点を達成するためには、具体的にどのようなことが大切なのかを話し合う。	○話し合いは学年別で行う。教師は必要に応じてそれぞれの学年を指導する。教師が提示した観点に対して考えたことを話すように促す。
	3	○友達のこと、家族のことを詩に書いて聞き合おう。 ・メモをもとに詩を書く。 ・詩を一・二年同士や一年・二年のペアで聞き合い、よい点や修正点を伝える。	○机間指導を行う際、子どもの思いを聞くことでありのままの言葉を大切にした表現ができるように助言する。 ○二年生には、評価の観点を意識し一年生の詩を認めるように助言する。
	4	○書いた詩を清書しよう。 ・誤字・脱字、改行に注意して書く。 ・清書後、一年・二年で自由に読み合う。	○子どもの詩を教師が事前に読んで修正することで、子どもが修正箇所を知り清書できるようにする。
第三次	1	○学習のまとめをしよう。 ・複式中学年の子どもと詩を聞き合う。 ・本単元の学習をふり返る。	○詩を聞き合い、互いのよさに気づくことができるようにする。 ○友達や家族の詩を創作したことや聞き合ったこと等、思いを書くようにする。

4 授業の実際

◇単元前の土壌づくりとして

単元に入る前に、友達や家族をテーマにした詩を三十編子どもに配付した。それらの詩を読み聞かせたり子ども自身が音読したりした。また、自分の好きな詩を紹介する時間を設定した。子どもが好む詩は、繰り返しの言葉や擬態語・擬音語が使われているものが多かった。子どもは好きな詩を音読したり視写したりして楽しんだ。詩に触れる中で「詩ってこういうものか」「詩はこのように書けばいいのか」等、詩の書き方、作文と詩の違いを自然に学んでいた。本学級は、一年生と二年生が同じ教室で学ぶ複式学級である。二年生が書いた詩も一年生に紹介した。二年生の詩を聞くことで、一年生も詩を書いてみたいという思いを持ち始めた。

◇詩を創作するための実態把握

本単元を指導するに当たって、自分を紹介する詩と担任を紹介する詩を書く時間を設定した。自分を紹介する詩を書く前には、自分の好きなことや好きな物、頑張っていること、将来の夢等をメモした。そして、メモから言葉を選んで詩を書いた。担任を紹介する詩でも、担任の様子、担任への思い、聞きたいことをインタビューしメモした。一年生には、メモの書き方を指導した。書いた詩を、一年生同士、一年・二年のペアで聞き合い、感想や質問を伝え合った。メモすることでどの子どもも楽しんで詩を書くことができた。また、書いた詩を読み合うことも楽しんだ。

◇第一次 第1時 友達（一年）や家族（二年）を紹介する詩を書く時、どんなことが書けそうかを話し合おう

「一ねん ペアのともだちをしょうかいしよう」「二年 家ぞくをしょうかいしよう」と板書した。ペアの友達というのは、隣の席の子どもで、男の子と女の子でペアになる。男の子と女の子で紹介し合うためか「書くことがないよ」「何を一緒にしたかなあ」という子どももいた。そこで、四月からの行事や学習、生活を想起するように促した。また、知りたいことをインタビューすればよいことも話した。行事や学習、生活を想起したり、インタビューの項目を出し合ったりすることで、一年生は詩を書きたい、書けそうだと話すようになった。二年生は、家族を題材にすることを知り、嬉しそうだった。それぞれの子どもが日常や行事の出来事を出し合った。そして、誰を書こうかな、どんなことを書こうかなと詩の創作へ思いを広げていた。子どもの出し合ったものを、次に示す。

【一年】
〈インタビューの項目〉
・好きなもの（色、遊び等）
・頑張っていること　・将来の夢　等
〈行事や学習、生活〉
・運動会　・休憩時間
・図工　等

【二年】
〈家族のことで書きたいこと〉
・父と野球したこと
・兄と雪で遊んだこと
・妹のお世話をしたこと
・母とお買い物
・母にインタビューしたい　等

◇第二次　第1時　ペアの友達のことをメモしよう（一年）　家族のことをメモしよう（二年）

一年生は、友達の様子や一緒にしたこと、友達への思い、インタビューしたこと等をメモした。メモはノートに書いた。メモの例を紹介する（◎は、詩に選んだメモ）。

【H児によるS児を紹介するメモ】
◎いろいろとべてうれしいよ
ぼくはあやとびができる
Sさんはあやとびができるようになった
Sさんは二じゅうとびが一かいできる
でも、ぼくは二かいできる
Sさんはこうさとびを七かいできる
でも、ぼくは九かいできる
○かえりみち
Sさんとかえったよ
いろいろのみちでかえったよ
まえはつばめがいたんだけど、いまはいなくなってかなしいな
もうちょっとでかえってきてほしいよ
○Sさん、すきなどうぶつはうま
りゆうはヒヒイーンとなくし足がはやいから
○Sさんのすきなたべものはいちご
りゆうはあまいしあかくてかたちがかわいいから

H児とS児は、席が隣の子どもで、一緒に登下校もしている。H児もS児も下校の様子をメモに書いている。【H児によるS児の紹介】で詩に選んだのは縄跳びだ。S児と一緒に縄跳び練習をしている時の様子が伝わる。二人とも上手に跳ぶようになっている。【S児によるH児の紹介】で詩に選んだのは帰り道だ。楽しく話して仲よくしている様子がよくわかる。

【S児によるH児を紹介するメモ】
◎Hくんのたのしいかえりみち
Hくんがおもしろいことばをいった
わたしはわらった
Gくんとかえった　まいにちかえる
りゆうはGくんとHくんがおもしろくてすきだから
○もとうじなたんけんのかえりにバスにのった
UさんとHくんとGくんとかえった
HくんとGくんはねていた
わたしはおきていて
Uさんもおきていた
りゆうはわたしもUさんもいっしょにはなしてわらいたかったから
○Hくんのすきなものはきょうりゅう
りゆうはかっこいいから
※「もとうじなたんけん」は、生活科の学習で元宇品の海岸で行う校外学習。行き帰りはバスを使用した。

二年生は、誰について書くかを決めて、家族の様子や一緒にしたこと、家族への思い等をメモした。メモはノートに書いた。メモの例を紹介する（◎は、詩に選んだメモ）。

【兄を紹介するメモ】では兄の優しさ、好きな果物、一緒にしたことをメモしている。詩に選んだのは一緒に雪だるまを作ったことだ。兄を慕うN児の思いを感じることができる。【母を紹介するメモ】には、母と自分が何でも反対ということを書いている。でも、自分も遊びは好きで同じだから、一緒にやってみたいとも書いている。母と遊ぶことを願い楽しみにしていることがわかる。

【兄を紹介するメモ】

おにいちゃんのこと

○おにいちゃんはやさしい。
（りゆう）エレベーターにのりおくれるときにエレベーターをおさえてくれる。

◎いっしょにしたこと。
ふゆでいっしょにゆきだるまを作った。ゆきだるまを作って、おにいちゃんがわたしの作ったゆきだるまにバケツをかぶせた。

○すきなくだもの、りんご。
（りゆう）あまいから。おにいちゃんは、毎朝、りんごを食べているから。

【母を紹介するメモ】

母のこと

◎母とぼくははんたい。
ぼくはおはぎがきらいだけど母はすき。
ぎょうざはぼくがきらいだけど
母はすき。
花火はぼくはきらいだけど母はすき。
なんではんたいなのか
ぼくとお母さんは、やっぱりはんたいだ。

○きらいなこと。
家にいること。
（りゆう）
小さいころにあまりどこかへ行っていなかったから。

◎すきなこと
あそぶこと。
（りゆう）
小さいころから川あそびとかをしていたらしい。ぼくはたのしそうだと思った。やり方を教えてほしい。

他の子どものメモからもそれぞれの家族への思いを感じることができた。

◇第二次　第2時　自己評価・相互評価の観点をつくろう

創作した詩を聞き合う時、評価の観点が必要だと考えた。詩の創作の学習では、作文指導のようにどのように書いたらよいかという指導をしていない。詩を書くために出来事を思い出しメモすること、書く時には一番書きたい言葉を考えること、言葉と言葉の句切りを考え書くことを指導している。そこで、教師が観点を示し、どのようなことが大切なのかを子どもが話し合うことにした。評価の観点は、①「メモから一番書きたいことを取り出しぴったりの言葉を探す」②「詩の形式を意識して詩らしい表現になるように区切りを考える」の二点である。この二点を子どもにわかる言葉にして提示した。

①	一年　ペアのともだちをしょうかいするために、ことばをかんがえてかいた。 二年　家ぞくをしょうかいするために、ことばを考えて書いた。
②	一・二年　くぎりを考えて書いた。

どのようなことが大切なのかを話し合う時、一年・二年合同の話し合いでは、二年生の発言に一年生が影響されやすく一年生なりの発言になりにくいので、学年別の話し合いを行った。話し合いの結果を次頁に示す。

【一年】

①ペアのともだちをしょうかいするために、ことばをかんがえる
・リズムにのってかく
・たのしいことばでかく
・いいところをかく

②くぎりをかんがえる
△おにごっこをしてたのしかった
○おにごっこをして
たのしかった
※ことばのくぎりを一休みしてよんでみよう

【二年】

①家ぞくをしょうかいするために、ことばを考える
・わかりやすいことば
・たのしいことば
・いいところ
・思ったこと
・おもしろいこと　等

②くぎりを考える
A○○がたのしかった
B○○が
たのしかった
※書き方をくふうしてみよう

一年生は、リズムがあり、楽しいと感じる言葉で書いてあるのが詩なんだと感じているようだ。また、友達のよいところを書きたいという思いを持っていることを知った。二年生は、家族のことを伝えたいという思いを知った。子どもには、「○○さんは○○な人なんだ」「○○さんのお兄さんは○○な人なんだ」みたいに詩を読む人が、その人のことがよくわかるように書いたらいいねと話した。

◇第二次　第3時　友達のこと、家族のことを詩に書いたり聞き合ったりしよう

メモをもとに詩を書いた。書いた詩を、一・二年同士のペア、一年・二年のペアで聞き合い、よい点や修正点を伝え合った。修正した方がよいという指摘があったら赤鉛筆で書き、書き手の子どもが清書の際に修正するかどうか決めることにした。教師も助言することを話した。

一年生【H児によるS児を紹介する詩】の聞き合いでは、「区切っているのでいいと思いました」「『たのしいSさんとのなわとび』を『たのしい／Sさんとの／なわとび』と区切るのがいいと思いました」「『なわとび』を『なわとびだ』にしたほうがいいと思いました」等、一年生なりによい点や修正点を見つけている。清書を読むと、聞き合いで指摘された区切りの修正はしていないが、『なわとび』を『なわとびだ』に修正している。教師も「だ」がある方がSさんと縄跳びをして楽しい気持ちがよくわかるかもしれないと助言した。【S児によるH児を紹介する詩】の聞き合いでは、「楽しく帰っているのがよくわかりました」と話した。

【H児によるS児を紹介する詩】

なわとび

たのしいSさんとのなわとびだ
まえとび
うしろとび
かけあしとび
いろいろとべて
うれしいよ

ぼくはあやとびができる
Sさんも
あやとびができるようになった
Sさんは
にじゅうとびを一かいできる
でも　ぼくは
二かいできる

Sさんは
こうさとびを七かいできる
でも　ぼくは
九かいできる

【S児によるH児を紹介する詩】

HくんとGくんとのかえりみち

Hくんが
おもしろい
ことばをいった
わたしはわらったよ
Gくんともかえった
Gくんも
おもしろいことばをいった

わたしが
さきにいくといったら
GくんとHくんが
はしってきて
わたしのランドセルをもった
おもかった

もうおわかれ
さようなら
またあしたね

二年生【兄を紹介する詩】の聞き合いでは、「『つめたいな』と思ったことを書いていていいなと思いました」「『パチン』という音が楽しいです」「『どっちがはやく作れるか』は『どっちがはやく作れるかな』のほうが思っていることがよくわかると思います」等、評価の観点を意識して話していた。清書では「どっちが早く作れるかな」と修正していた。【母を紹介する詩】の聞き合いでは、「○○くんとお母さんが反対のことを書いていて面白いと思います」と話していた。子どもの詩には、メモがそのまま詩になっているものもあった。メモをすることで書くことが具体的になり、どの子どもも家族を思いながら詩を書くことができたと思う。

【兄を紹介する詩】

おにいちゃんとゆきであそんだ

おにいちゃんと
ゆきだるまを作ったよ
どっちがはやく作れるかな
まけたけど
がんばってできて
たのしかったよ
こんどはぜったいかちたいな

おにいちゃんと
いっしょにゆきがっせん
ゆきがつめたかったよ
でも気もちよかった
あたったら
「パチン」。
と音がして
おもしろいな
またゆきがっせんしたいな

【母を紹介する詩】

母のこと

ぼくと母は　はんたいだ
おはぎをぼくはきらいだけど
母はすき
ぎょうざをぼくはきらいだけど
母はすき
花火をぼくはきらいだけど
母はすき
なんではんたいなのかは
わからない

あそぶことは
母はすき
小さいころに
川あそびとかをしてたから
やり方などを教えてほしい
そして
ジャブジャブおよいだり
あそんだりつりをしたり
してみたい

5 実践をふり返って

本単元の学習後、アンケートを行った（一年八名、二年八名）。「いろいろな詩を書いて楽しかったですか」では「はい」と十五名が答えた。理由は「いろいろな言葉を考えた」「みんなに妹を紹介できた」「友達の紹介ができた」等だった。「どちらでもない」と答えた一年生は「書くのが楽しかったり難しかったりした」と答えた。どうしたら上手に書けるのかという思いがあるようだった。「複式低学年や複式中学年の人に聞いてもらって楽しかったですか」では、全員「はい」と答えた。その理由に「ほめてもらって嬉しかった」「たくさんの人に聞いてもらった」「家族の一人を教えてあげられた」等を挙げた。詩を読み合うことで、自分の詩を認めてもらえたと感じているようだ。

本単元では、自分と関わる人（友達・家族）を題材にして詩を創作した。詩にするためにどの言葉がよいか考えることで、言葉とその人との関係とその両方を「結晶化」することになり、自分と関わる人の存在を意識し、さらに関わりを深めるきっかけとなった。低学年から「詩を書くって楽しいな」と思うことが「豊かな言葉のつかい手」を育てることにつながるだろう。

（羽場　邦子）

●参考文献●

山際鈴子（一九九〇）『かぎりなく子どもの心に近づきたくて』教育出版センター

白谷明美（二〇〇九）『詩がうまれるとき書けるとき―だれにでもできる楽しい詩の作り方―』銀の鈴社

児玉忠・大阪児童詩の会（二〇一一）『見つめる力・発見する力を育てる児童詩の授業―山際鈴子の授業を追って―』銀の鈴社

児玉忠（二〇一七）『詩の教材研究―「創作のレトリック」を活かす―』教育出版

羽場実践の解説

羽場教諭の実践1「ことばからそうぞうしてしを書こう」では、気球・つぼ・雲・穴・橋といった、児童の言語生態研究会が長年実践で積み重ねてきた、イマジネーション（イメージ運動）が発動しやすい題材を選んで詩作を行っている。ここで重要なのは、経験したことがある・見たことがあるといった「現実経験」を詩にすることではない。子ども自身が出生して母語と触れてから蓄積し続けた「個人的／共同体的無意識」からイマジネーションをいかに発動させるかであり、イマジネーションを引き出すためのトリガーとなる気球・つぼ・雲・穴・橋が、十全に子どもの無意識に働きかけることができるようにする環境構成「しつらえ」を教師がいかにつくれるかということである。

実践1で子どもは「詩は何でも自由に書けるから楽しい」という言葉を残している。この子どもは、自己の無意識から溢れたイマジネーションを感知することで自己の無意識と出会ったのであり、母語教育における最も重要な目標である、「内なる自己の自覚化」を行った。「内なる自己の自覚化」は、未知の自分との出会いでもあり、自分（意識）の中に、未知の部分があることを自覚化することは、母語教育における重要な一歩である。この実践で、子どもはその一歩を歩んだのである。

実践2「ともだちのことおしえるよ／家ぞくのこと教えるよ」は、一見人間（じんかん、人間関係）の授業のように見える。友達や家族を散文で紹介することはよく行われている実践であり、友達や家族をしっかり観察する目を育て、観察したことを記述する力を育てることはいうまでもない。では、それらのことを詩で表現することはどういう意義があるか。今まで見たように、詩は自己の無意識のイマジネーションの発露である。ということは、十全な「しつらえ」があれば、友達や家族について詩を書くことによって、意識の奥底にある自分の無意識が、友達や家族にどのような思いを持っているのかを露にすることになるだろう。それは、当の本人も意識していない、友達や家族への眼差しである。

実践2で、H児がS児を紹介する詩（なわとび）にある「でも　ぼくは」の頻発は、H児に、自分自身へのこだわりを自覚化させただろう。また「母のこと」の詩には、母と反対である自分自身の発見や、遊ぶことが好きな母と遊びたい切ない思いを子ども自身に気づかせただろう。

羽場教諭は、「詩にするためにどの言葉がよいか考えることで、言葉とその人との関係とその両方を『結晶化』すること」ができた、としている。子どもたちは、詩という形式に導かれながら、また、羽場教諭がつくった「しつらえ」に感応しながら、自身の表現に向かって、結晶化した言葉である詩を生み出した。今後の低学年の実践においては、イマジネーションの体感を自らの身体性の中に発見しつつ言葉にしていく実践も必要になってくるだろう。遊びやスポーツの中で生み出される体感を無意識のイマジネーションと結びつけるような複合的な実践が一層望まれる。

（難波　博孝）

単元　自分の気持ちを詩にしよう

1　単元の目標

○現実の経験と結びつけた目に見えない心の動きを表現することができるようにする。
○自分にしか書けないことを選び、言葉を選んで詩を書くことができるようにする。
○感情表現を直接使わず、様子や動きで表現することができるようにする。

2　学びの豊かさの視点

子どもたちは、自己の内面と真っ直ぐに向き合い、素直に言葉で表現できているのだろうか。本単元は、子どもが感情言葉を手がかりに自己の内面に目を向け、「自分の気持ち」を見たり聞いたり五感で感じたりした生活経験とともに、詩で表現することをねらっている。このことで子どもに自分の内面を表現する心地よさを感じてほしい。詩は形式（後述する「詩の方法」）を持ち、短い言葉の中に思いを込めようとする。そのため散文で書くよりも自分の気持ちを素直に表現しやすい。このような自己表現が、「学びの豊かさ」につながると考えた。

3 単元計画（全五時間）

次	時	学習活動	指導上の留意点
第〇次		○多くの詩にふれ、楽しもう。 ・好きな詩を写したり、発表したりする。 ・詩のファイルにみんなの書いた詩を入れながら、いつでも読み返して楽しむことができるようにする。	○子どもが詩心を育むことができるような場を多く設定する。 ○初めから自作の詩を創ろうとするのではなく、まずは好きな詩を写すことから始めようと話す。
第一次	1	○単元計画を立てよう。 ・単元の目標と教師の意図を知る。 ・「ピア・カンファランス」で、詩を練り合うことを知る。 ・言語活動と大まかな単元計画を考える。	○どんな力をつけてほしいか、教師の思いを話す。 ○友達と話し合いながら自分の詩をよりよくする時間があることを話しておく。 ○創った詩をどうしたいか、子どもに問う。
	1	○詩の面白さを話し合おう。 ・作者の気持ちや、どの「詩の方法」を使っているか、面白さは何か、考えたり話し合ったりする。	○「気持ち」に目が向くような詩を選び、紹介する。 ○詩と「詩の方法」をつなげ、具体的に話し合えるようにする。

次	時	学習活動	支援
第二次	2	○自分の気持ちを詩にしよう。 ・感情表現を出し合い、場面を思い浮かべながら、詩を創作する。	○「詩の方法」を使ってみるように話す。 ○創作にあたって悩んだ点や迷った点があれば、付箋に書いておくように伝える。
	3	○創作した詩をよりよくしよう。 ・「ピア・カンファランス」について知る。 ・詩を読み質問し合いながら、練り合うことで、詩をよりよくする。	○元の表現を消さずに推敲することを話す。 ○自分の詩の表現を変えても、変えなくてもよいことを確認する。
第三次	1	○創作した詩を読み合おう。 ・全員の詩をファイリングする。 ・複式低学年の子どもとお互いの詩を読み合い、感想を伝え合う。	○詩を誰に読んでほしいか子どもの願いを大切にする。 ○お互いの詩を大切にし、よさを認め合えるように声をかける。

4 授業の実際

◇第〇次　単元前の土壌づくりとして

詩心を育むことが何より大切であると考えた。そこで、主に次の五点を継続的に取り組んだ。

1　青年詩や少年詩、子ども詩など、好きな詩を写して楽しむ活動を仕組む。
2　子どもの写してきた詩や教師の好きな詩を、朝の会で声に出して読み紹介する。
3　詩のファイルを作り、好きな詩をいつでも読み返すことができるようにする。
4　教室の窓に書ける固形マーカーを使って子どもが詩を書くなど、日常の風景と一緒に詩を楽しめるようにする。
5　「詩の方法」の下敷きを作り、いつでも読むことができるようにする。

夏休み前（単元開始の約四か月前）には、複式低学年の子どもが発表する詩を聞きに行った。言葉遊びの創作であった。それから、詩の面白さや自分たちならどんな詩を創りたいかについて話し合った。また、自分の好きな詩を見つけて写してみようと投げかけ、夏休みに二つ以上詩を写してくることを課題とした。多くの子どもが二つより多くの詩を写してきていた。

十月中旬ごろには、「日記または詩」というように宿題の出し方を変え、日々の家庭学習として詩を写すことを始めた。「慣れてきたら好きな詩を真似て、オリジナルの詩にしてもいいよ」と伝えた。また、朝の会で「詩の方法」を紹介し、ラミネートして配付した。

「詩の方法」とは、詩に多く見られる表現方法や内容の工夫をまとめたものである。兵庫教育大学佐倉義信氏による研究論文（「児童詩創作指導の理論と実践に関する研究（二〇〇一年）」）中の、「先行児童詩創作指導カリキュラムにおける指導内容とその指導の実際」の分類に着想を得ている。詩を創作する際、何かの表現方法だけにこだわるのではなく、表現したいことをどの方法で表現するか、子どもが自分で選べるようにしたいと考え作成した。

「詩の方法」の下敷き（ラミネートしたもの）は次のような内容である。

「詩の方法」（気持ちや思いを伝える表現方法や内容のくふう）

1　よびかけ・さけび・ひとりごと・つぶやきを書く。
2　自分のすがたや様子・自分のしたことを他の人の目線から書く。
3　発見（観察して・ありのままに・見てさわって味わってにおって聞いて）を書く。
4　自分の気持ち（うれしくてうれしくてたまらないなど）を、行動で書く。
5　ひゆ・たとえ（～のよう、「空の海」など）・にている新しさを書く。
6　想像（心にうかぶ絵、見えていないもの）を書く。
7　夢（きのう見た夢・今日見たい夢）を、今見ているように書く。
8　ねがい（～して、～したい、～になりたい）を書く。
9　ふしぎな世界（もし～なら、もしも～だったら）を書く。
10　変身して（なりきって）書く。

後に、子どもの実態から、「11　オノマトペ（ぎ音語、ぎ声語、ぎたい語）」、「12　リズム（くり返し、いんをふむ）」をつけ加えた。また、子どもの創作した詩には、教師が「詩の方法」を使い、ノートにコメントを書くことで、詩のカンファランスを行った。

◇第一次　単元計画を立てよう

「なんとなく面白いな」という感覚をもつだけでなく、詩を創る意味や教師の願いを伝えたいと考えた。そこで、詩を創ることでつけたい力として六つ（①発見する力、②たとえる力、③連想する力、④きりとる力、⑤想像する力、⑥気持ちや思いを伝える・感じる力）を挙げ、説明した。この力についても先に紹介した佐倉氏の論文に着想を得ている。

事前に行った子どもの実態調査では、「作文や日記などで自分の気持ちや思いを伝えることが好きだ」という項目に対しては、十六人中わずか五人しか肯定的な回答をしていなかった。また、「自分の気持ちや思いを言いすぎて人を傷つけてしまうことがある」と十六人中七人が回答していた。

こうした作文や日記への意識や日常生活における他者との関わりの傾向から、したことやあったこと、その時感じた自分の感情や思いを素直に言葉に表し、だれかに伝えることを楽しいと感じたり、相手の気持ちや思いを相手の立場に立って考えたりする力をつけたいと考えた。

◇第二次　第2時　自分の気持ちを詩にしよう

「どきどき、びっくり、うれしい、さみしい、不安、もやもやする、いらいらする」など子どもの口から出てきたり教師が紹介したりした表現を、明るい感情、暗い感情に仲間分けしながらまとめた。

その後、そのままその言葉を詩に入れるのではなく、詩の方法を使ってみようと投げかけた。例えば先述の「詩の方法」四番の「行動で書く」では「いらいらしてたまらないとき、どんな行動をしますか」と、二番の「他の人の目線から書く」では、「その自分の様子を他の人から見たらどう見えるだろう」と投げかけた。十番の「なりきって書く」では、「男子が女子に、女子が男子になりきって書いてもいいんだよ」と、詩の方法を活用する例をいくつか示した。

最後に、詩は一人で書くこと、教室だけでなくどこで書いてもよいこと、「どちらの言葉がよいか」など相談したいことは付箋に書いてノートに貼っておくことを伝えた。子どもは机を自分の好きな場所に動かして詩を書いたり、図書室や中庭、校庭の木の下で書いたりするなど、思い思いの場所で詩を書いていた。子どもの創作した詩を三点紹介する。

虹

四年女子

私は
虹のカラフルが大好き
でも
虹に乗ったことはない
乗って
歩いたことがある人
いるのかな
でもなあ・・・
今　私が
歩いている所から空まで
とっても遠いし高い

みんなちっぽけ

三年男子

砂は石にとってちっぽけ
石は人にとってちっぽけ
人は木にとってちっぽけ
木は家にとってちっぽけ
家は塔にとってちっぽけ
塔は星にとってちっぽけ
星はぎんがにとってちっぽけ
ぎんがは宇宙にとってちっぽけ
宇宙は宇宙の外側にとってちっぽけ
それがかぎりなく続いて
みんなちっぽけ

たった一秒のしゅんかんで

四年女子

だれかのくつをかくそうと
げたばこにのびた手が
友だちだと思っていたかれを
きらいにさせた
だれかがこぼした牛にゅうを
ふいてあげようとのびた手が
他人だと思っていた君を
好きにさせた
たった一秒のしゅんかんで
人は人をきらいになる
たった一秒のしゅんかんで
人は人を好きになる

詩を詳しく見てみると、「虹」は、身近なものからの発見（「詩の方法」三番）を詩にしている。遠くに架かった虹に出合うという現実の経験と結びつけて、カラフルで大好きなあの虹の上に乗ってみたいという「目に見えない心の動き」を表現することができている。「でもなあ……」から子どもは現実に戻ってきている。それまで楽しく虹に乗って歩いている自分を想像していたにちがいない。

「みんなちっぽけ」は、「ちっぽけ」という脚韻のテンポとリズムが小さいものから大きいものへの動的な広がりを生み出している。自分がちっぽけな存在であることを少し悲嘆しながらも、みんなちっぽけじゃないかと打ち消している。まさに「自分にしか書けないこと」を選んでいる。その後、何が何よりもちっぽけなのか、何度も書きかえながら、推敲する姿が見られた。まさに「言葉を選んで」詩を書いている姿といえよう。子どもは、詩の方法の二、六、八番を使ったと書いていた。

「たった一秒のしゅんかんで」は、「きらいにさせた」「好きにさせた」だけではなく「きらいになる」「好きになる」や「友だち」「他人」「かれ」と「君」など、いくつもの対が気持ちよいリズムを生み出している。第一連二連、第三連四連の繰り返しも詩を生き生きとしたものにしている。また、気持ちを行動で書いており（「詩の方法」四番）、好きときらいの気持ちが、ほんの一瞬で揺らいでしまうことを行動で表現している。感情表現を直接使っているが、日常の生活場面を切り取り、それぞれの気持ちを「様子や動きで表現する」ことができている。

いずれの詩も、「あこがれ」や「もやもや」、「好き」や「きらい」といった言葉だけでは到底言い表せない深い気持ちを表現できている。それぞれの感情やその感情をよせた場面やものに、個人のもつ価値観や見方・考え方がとてもよく出ている。「～くんらしい」「～さんらしい」詩である。

◇第二次　第3時　創作した詩をよりよくしよう

詩を推敲する際、「（意見を聞いて）変えても変えなくてもよい」ことを前提とした話し合い活動を設定した。お互いの気持ちを尊重してほしいという教師の思いをじっくりと説明し、ピア・カンファランスの手順を示した。この手法については『作家の時間』を参考に実践した。

「ピア・カンファランス」（相手の思いを大切にした少人数のあたたかい話し合い）の方法

1　詩のよいところ、感想をいう。
「この言葉が面白いな。」「同じ思いになることがあるよ。」「『詩の方法』の六番がつかえているね。」

2　友達の「思い」をはっきりさせるための質問をする。
「ここはどういうこと。」「つまり～ということかな。」「～と思ったということだよね。」

3　よりよくするためのアドバイスをする。
「それなら、『詩の方法』の三番を使ってみたら。」「もしかしたら～という言葉の方がいいかも。」

★アドバイスをくれる友達を大切にしよう。ただし……
自分の詩の言葉を変えるか、変えないかは、自分の自由だよ。

自分の詩を「変えても変えなくてもよい」ことを前提としたことによって、批判的な意見であっても積極的に伝え合うことができていたのではないかと考える。同時に、自分の詩を（アドバイスに従って）変えるか、（自分のもともとの言葉を大切にして）そのまま変えないかで葛藤する場面が生まれ、「うーん。やっぱりなんだかしっくりこないんだよな……」などと「一つの言葉にこだわる」姿が多く見られるようになった。

ピア・カンファランスによる子どもの詩の変容をまとめる。

カンファランス前の詩	カンファランスの内容 （子どもの言葉）	カンファランス後の詩
木はかわいそう 四年女子 木は遠足に行けない 木はトイレにも おふろにも行けない 木は立っている 木はかわいそう 木はくしゃみをしない 木は食べ物も食べない 木は雨の日が好きだと思う だけど木は何年も生きている だから木は 人間になりたいのかな 本当はだれもいない時は… 口笛をふいたり 一人事を言ったり 泣いたりするのかもしれない	〈四年女子の言葉〉 ○『詩の方法』の七番みたい。十番かも。（だれもいないときの木を）今見ているように、書いているのがいいと思う。 ○題名を、「木」に変えたらいいと思う。 ○雨の日があるなら、晴れの日も書いたらどうかな。 ↓「晴れの日はきらいだと思う　水分がへるから」をつけ加えたが、その後削除。 ○木の気持ちを考えているのが面白いね。 〈三年男子の言葉〉 ○雨の日が好きなのはなぜですか。 ↓「葉がふえるから」をつけ加えたが、さらに「自分が成長するから」にしてつけ加えた。	**木** 四年女子 木は遠足に行けない 木はトイレにも おふろにも行けない 木は立っている 木はかわいそう 木はくしゃみをしない 木は雨の日が好きだと思う 自分が成長するから だけど木は何年も生きている だから木は 人間になりたいのかな 本当はだれもいない時は… 口笛をふいたり 一人事を言ったり 泣いたりするのかもしれない

この詩は、アドバイスによって子どもの中に様々な表現が生まれては消えている。友達が自分の詩について一緒に考えて、ともに推敲していく中で表現が豊かになっている。また、アドバイスをした三年生男子は、ふり返りに、「ぼくも木の詩を書いたけど、ぼくは木のことを《頑張り屋》と書いていて、こんなに違う詩になるなんて驚きました」と書いていた。価値観や見方・考え方の違いに気づけた点でもよかった。

しかし、同時にカンファランスの難しさも感じた。元の表現の方がよいのではないかと教師が思う場面もあった。例えば、元の作品では韻をふむようなリズムができていたが、話し合いの後では、そのリズムが失われてしまったものもある。題名につけ加えた方がよい言葉をアドバイスされ、その通りに直したが、作者の詩の内容を考えると元の方がよいと思われる詩もあった。

そのため話し合いでは、なぜ別の言葉に変えた方がいいのか、あるいはなくした方がいいのか、理由を大切にして話し合うことが重要だと感じた。また、どのような場面のどのような気持ちを詩で表現したかったのか、あらかじめ作者による解説を書いておき、それを詩で表現するにはどうすればよいかに焦点を絞ることもできたと考えられる。

5 実践をふり返って

子どもは、感情表現から浮かぶ場面を考えることで、現実の経験と結びつけた目に見えない心の動きを表現しようとした。また、自由に表現しようとすることで自分らしい詩となり、自分にしか書けないことを書こうとする姿が見られた。感情表現を直接使わず、様子や動きで表現することにも慣れてきた。さらに、ピア・カンファランスによって、言葉にこだわり、言葉を選ぶようになった。しかし、元の詩のよさが失われてしまったものもある。今後はイメージを生み出すことと共有することの「よさ」だけではなく、「難しさ」にも十分配慮していかなくてはならない。

読書の時間には、みんなで作った詩集を読む子どもの姿を多く見た。子どもがこれまで上手く表現してこなかった自分の気持ち・思いを、詩で使われる様々な形式（「詩の方法」）に乗せて表現しようとすることは、子どもにとってとても楽しい活動となっていたようである。普段表出されない子どもの価値観や見方・考え方を多く感じることができた。自己表現と、詩の創作（詩という表現方法・詩で使われる様々な形式）のつながりのよさを感じた。

単元終了後には、子どもから「作った詩を劇にしてみたい」とか「作った詩の世界を絵にしてみたい」といった意見が出された。今後さらに子どもたちの心の中から言葉を引き出し、個人のもつ価値観や見方・考え方が浮き彫りにされるような詩の単元を開発していきたい。

（宮本　隆裕）

●参考文献●

児玉忠・大阪児童詩の会（二〇一二）『見つめる力・発見する力を育てる児童詩の授業』銀の鈴社
山際鈴子（一九九五）『かぎりなく子どもの心に近づきたくて　パートⅠ』、教育出版センター
佐倉義信（二〇〇一）「児童詩創作指導の理論と実践に関する研究」兵庫教育大学大学院
プロジェクト・ワークショップ編（二〇〇八）『作家の時間』新評論

第Ⅰ期後半（小学校三・四年）

単元　絵を見て空想を詩にしよう

1　単元の目標

○想像を膨らませ、空想の世界を表現することができるようにする。
○様子や動きを、言葉を選んで書くことができるようにする。
○友達の思いや発想のよいところに気づくことができるようにする。

2　学びの豊かさの視点

中学年になると子どもの空想（イマジネーション）は停滞する。「児童の言語生態研究」によれば、現実世界が優位にたってしまうからである。本単元では、現代美術の抽象画（とりわけキュビスムやシュルレアリスムの絵画）が子どもを現実世界から遠ざけ、イマジネーションを引き出すきっかけになると考えた。これらの絵画には理屈では解釈できない画家の無意識の世界が描かれている。その無意識の世界の何かになりきり入り込もうとすることで、子どもは空想の世界にいざなわれるだろう。そして心に浮かんだ空想の物語を詩で表現することが、子どもの学びを豊かにしていくと考える。

3 単元計画（全五時間）

次	時	学習活動	指導上の留意点
第〇次		○詩の創作を継続して行おう。 ○朝の会で絵本の読み聞かせを聞こう。	○詩心を育む環境を整える。 ○空想の面白さを感じられる絵本を選び、継続して読み聞かせる。
第一次	1	○単元計画を立てよう。 ・単元の目標と教師の意図を知る。 ○空想を広げ、詩にする方法を知ろう。 ・絵を見て感じたことや想像したことを話し合う。	○「空想」という言葉の意味を問う。 ○「詩の方法Ⅱ（絵から空想を広げるヒント）」を用い、みんなで空想したことを紹介し合う時間を設定する。
第二次	1	○好きな絵画を選び、詩を創作しよう。 ・絵画から、詩を創作する。	○それぞれの絵画の題名は紹介せず、画家の名前のみ紹介する。
	2	○詩を清書し、自分の詩を解説しよう。 ・詩を指定された用紙に清書する。 ・自分の詩を解説する文章をまとめる。	○詩集ファイルに入れられるように全員分を印刷して配布する。 ○どの絵のどの部分から発想したか、自分の詩の種明かしを書くことを伝える。

	3	○友達に代わって詩を解説しよう。 ・どの絵から創作した詩か、主人公は誰かを中心に、友達の詩の解説をする。 ・創作した本人による種明かしを聞く。	○教師の意図や友達の詩の解説と種明かしの流れを説明する。
第三次	1	○学習のまとめをしよう。 ・創作した詩を紹介し合い、感想を伝え合う。	○創作した詩や解説を絵画とともに掲示するなど多くの人に見てもらえるようにする。

4　授業の実際

◇第〇次　単元前の土壌づくりとして

昨年度の取組を継続し詩心を育もうと考え、「詩の方法」を用いて自由に詩を書き、詩集ファイルに創作した全員の詩をファイリングしていく環境を整えた。

また、子どもに空想の物語を楽しんで欲しいと考え、四月から朝の会で毎朝三分間程度、本の読み聞かせを行った。紹介した絵本は、「めっきらもっきらどおんどん」「おもちのきもち」「なつのおとずれ」「あめだま」「おたんじょうびケーキ」などである。また、身近なことから自由に空想する面白さを伝えたいと考え、「おてて絵本」も読み聞かせた。

◇第一次　第1時　単元計画を立てよう

「空想＝今いる時間や空間をこえた世界」と板書し、例えばどんなものがあるだろうと問いかけ、話し合うと子どもからはこのような言葉が返ってきた。

> 夢　神話　現実にないもの　本当にはない話　不思議な世界　まぼろし　かぎりのないもの
> ゲームの世界　頭の中の世界　ドラゴン　なぞ　おもしろい世界　おに　三途の川　あの世

絵本で読んだような空想について感想を聞くと、楽しいとかわくわくする、少し怖いなどという言葉が返ってきた。現実にとらわれず心を開放し、「ありえない」ことが容認されることによって、子どもは、自分の思い描いた空想の世界で自由に想像を膨らませ、普段使わないような言葉が頭の中にあふれてきて、言葉を豊かにするのではないだろうか。あえて空想を取り上げた意義はそこにある。

◇第一次　第2時　空想を広げ、詩にする方法を知ろう

子どもの空想を広げるにはどうすればよいだろう。そのヒントを児童の言語生態研究にえた。子どもたちが今いる時間や空間を無意識に転換し、イメージ（我々の現実生活を誘導している人間活動の源泉・エネルギーそのもの）の世界に身をおくきっかけとして、「橋」「つぼ」「穴」「人形」「夕日」などが挙げられ、様々な実践が行われていた。その中でも本実践は、葛西琢也氏の「作文とイマジネーション」の実践を参考に、絵画を用いようと考えた。

では、絵画をどのように見れば空想が広がるのだろうか。

本学級の子どもは低学年の時に、登場人物になりきって音読や動作化をする活動を多く行っている。例えば一年生の「おむすびころりん」では、おじいさんやねずみになって、おむすびをころがしておどるおじいさんの様子を音読している。また、二年生の「スイミー」では、スイミーや赤い魚になって、大きな魚を追い出す様子をパントマイム劇にしている。

そこで絵画から空想を広げるために、子どもが低学年の時に経験している「なりきる」ということを取り入れることにした。つまり、絵画の中にある誰か、または何かになりきって想像し、詩を書くのである。このことで、子どもは今生きている現実世界から離れ、理屈では解釈できない画家の無意識の世界に入り込むことができるのではないかと考えた。そのため、子どもに紹介した絵画は、人または人のような物があると思われる作品を選んだ。

最初にふれる絵は、シャガールの《窓から見たパリ》である。この絵は、色々な物語を秘めている。この絵を使って、「詩の方法Ⅱ」を紹介し、教師とともに話し合いながら空想を広げた。

「詩の方法Ⅱ」（空想を広げ詩にするためのヒント）

1　絵をじっくり見て、絵の中の世界を頭の中で思い浮かべる。
2　絵の中の誰かや何かになりきる。
3　なりきった人や物の気持ちや立場から、詩を書く。

《窓から見たパリ》を見て子どもたちから、「顔が右と左でちがう、猫の顔が人の顔、電車がさかさま、へんな絵、裏と表ばかり、あべこべ、おかしな世界、あらそいの町、いらいらする、こわい」などの気づきが出された。そこで、特に「詩の方法Ⅱ」の三番を大切にしてみてほしいと伝え、絵を見ている自分からの言葉ではなく、「絵の中の何かになりきってみよう」と投げかけた。「窓のそばにネコがいる、へんなネコだな、顔が人だ」ではなく、「おれ、かっこいい顔をしているだろう、いつも窓のそばにいるんだぜ、おっと空から人がふってきた」にするなど、例を挙げて説明した。最後に得体の知れない何かであっても、その何かになりきることで、表現の面白さは増し、空想は物語のように広がるのではないかと伝えた。

◇第二次　第1時　好きな絵画を選び、詩を創作しよう

キュビスムとは、ジョルジュ・ブラックやパブロ・ピカソをその創始とするあらゆる対象を幾何学的図形に還元して描く、立体派とも呼ばれる美術運動の一つである。シュルレアリスムとは、超現実主義ともいわれ、フランスの詩人アンドレ・ブルトンによる一九二四年の著作『シュルレアリスム宣言・溶ける魚』に始まる芸術運動である。フロイトの精神分析理論に影響を受け、無意識の表面化、無意識と理性との一致を目指したとされる。

これらの絵画は、子どもが自然に空想の世界に入り込み、空想を広げるのに適していると考えた。さらに、絵画に描かれている空想の世界から離れ、自分で思い描く空想の世界を詩にしてもよいものとした。子どもには、次の六点の絵画を提示した。

①《軽業師》一九四三年　マルク・シャガール

踊っているのは、人だろうか、動物だろうか。子どもが想像をふくらませ絵の中の物語に入り込めば、時間を超越し、忘却させるのではないかと考えた。

②《三人の楽士》一九二一年　パブロ・ピカソ

四角い形で描かれた三人の人たちがこちらを向いている。楽器を弾いているのだろうか。持っているものは子どもにも馴染みがあるものである。身近なものが不思議な空想への引き金になりえると考えた。

③《赤い太陽》一九五〇年　ジョアン・ミロ

暗く鈍い色調で、なにかさびしげな感じが漂ってくる。それぞれの形が子どもたちには何に見えるのだろうか。具体から遠ざかり、子どもの想像を膨らませることができると考えた。

④《フリギアの商人》一九二五年　デ・キリコ

クレーンだろうか、ロボットだろうか、足は人のようにも見える。ここはどこで、何を考えているのだろう。なぜここにいるのだろう。多くの問いがうまれ、物語に引き込まれるのではないかと考えた。

⑤《黄色い鳥のいる風景》一九二三年　パウル・クレー

鳥たちは何を考えているのだろう。雲がある、月だろうか、海藻にも見える。上下はどうなっているのか海の中なのか地上なのか区別もつかない。幻想的なイメージが空想に引き込むと考えた。

⑥《森の中の鹿・Ⅱ》一九一二年　フランツ・マルク

三匹の鹿がいる。ここはどこだろう。どんな気持ちでいるのだろう。動物になりきり色彩から感情を感じ、空想を広げることができると考えた。

自由な発想を妨げたくなかったため、それぞれの絵画の題名は紹介しなかった。

◇第二次　第2時　詩を清書し、自分の詩を解説しよう

「詩の方法Ⅱ」に合わせて、この詩の主人公（わたしがなりきった人や物）は誰（どれ）か、絵のどの部分から詩を思いうかべたか、絵に○をつけながら自分の詩を解説するプリントを作成した。詩だけではわからない子どもの発想を知ることができた。

こげたタクシー

四年男子

ぼくはタクシー
おもちゃのタクシー
こげたおもちゃのタクシー
昔こげたおもちゃのタクシー
今もこげているおもちゃのタクシー
ストーブの中へ入れられた
一人の男の子のおもちゃ

今は大人
だけれどいつもいっしょ
ずっと　ずっと

ぼくは一番右の大人の人の手の中に入っている物になりきりました。ぼくにはタクシーに見えて、普通より黒かったのでこげた感じがしました。タクシーを持っている大人のバックストーリーと、なぜこげているかを入れました。入れた理由はなぜこげた状態になったのか説明したかったからです。

「ストーブの中へ入れられた」とあります。ストーブの中に入れられた理由は、火の中に入れると赤くなると思ったからです。

この詩は、パブロ・ピカソの《三人の楽士》から作られた詩である。子どもは一番右の大人が持っているものから空想を広げている。下の欄は子どもによる解説である。この詩の作者は、三年生になるまで、イギリスやアメリカの現地校で生活していた子どもである。

タクシーを持っている大人の幼少時代から、時間・空間を越えた空想の物語が広がっている。また、おもちゃになりきっていることが、詩を面白くさせている。なぜこの大人はこげたおもちゃをまだ手

日が落ちる時

三年女子

日が落ちる時　ぼくは空を見つめた
あれっ　今日の夕日は少し変
何か動いている
とってもにこにこしている
気付いたらぼくも　にこにこしていた
わかった　犬だ
昨日助けてあげた　あの犬だ
昨日のお礼なんだね　なんかうれしい
ありがとう犬さん　とってもうれしいよ
すると　日が落ちる時　犬が言った
「ありがとう」

主人公は右側の人で、上を向いて夕日に犬がいるから少しびっくりしています。だけど昨日助けた犬と気付いたんだと思います。犬は助けてもらったのがうれしくて、夕日になっています。犬は夕日から感しゃの気持ちを伝えようとしたので、夕日から「ありがとう」と言っています。

私は夕日から犬が出るというのは現実ではないので、詩にしようと思いました。主人公の気持ちは、お礼を言いに来てくれて嬉しいなあという気持ちと、昨日助けてあげてよかったなという気持ちです。

に持っているのだろうか。「いつもいっしょ　ずっと　ずっと」は、タクシーの、そして大人になったこの子の気持ちだろう。子どもは、世界に一つしかないタクシーだとふり返りで書いている。

右の詩は、ジョアン・ミロ《赤い太陽》から創られた詩である。作者の女の子は、夕日を見ている主人公（ぼく）になりきっている。赤い丸が夕日に見え、そこに何かいるように見えるところから物語は展開する。ぼくにはにこにこと笑っているように見え、思わずにこにこと笑顔を返す。そうしているうちに、にこにこしている正体が昨日助けたあの犬であることに気づく。物語性のある詩である。

ミロの絵画の世界に引き込まれ、時間や空間を越えた空想が広がっている。ぼくと犬のあたたかい物語が伝わってくる。作者の子どもは、ふり返りの中に「なりきって書くのは少し難しいけれど、とても楽しいです。なりきった人物はどう思っているんだろう、周りはどんなことが起こっているんだろうと思って書いてみると、とても楽しくなりました」と書いている。

◇第二次　第3時　友達に代わって詩を解説しよう

創作した詩をみんなでじっくり鑑賞し味わいたいと考えた。読み手と書き手では、詩の解釈は異なる。子どもがより読み手の立場を考えることで、価値観や見方・感じ方の違いを実感することができるであろう。そこでまずどの絵画から発想した詩か、そしてこの詩の主人公はどれか、また読んで感じたことを中心に詩を鑑賞し話し合った。その後その詩の書き手が種明かしをすることで、読み手と書き手のちがいを浮き彫りにしたいと考えた。

話し合いでは、種明かしの場面で驚きの声が上がっていた。子どものふり返りには、「種明かしの時は、自分の考えと全く違っていてびっくりした」「なるほどとわかってくれたので、その時が一番うれしかった」「こんなに人それぞれ見方が違うんだなとわかりました」「友達の考えと同じ時も違う時も楽しかった」といった感想が見られた。

5 実践をふり返って

本実践では、一人の子どもが友達に代わって詩の解説をし、周りの子どももそれに意見を加えながら話し合い、最後に作者本人が種明かしをする活動を仕組んだ。この活動は、創作された詩についてよく考え、みんなで話し合いながら鑑賞することになり、読み手の気持ちを考え詩をよりよくするためにも有効であったと感じる。

しかし、詩の世界を解説するのはなかなか難しい。まだそれだけの語彙を持ち合わせていない子どももいる。中には、「たぶんこの絵の、この辺りから書かれた詩だと思います」にとどまり、うまく表現できていない姿も見られた。少なくとも、自分の解説する友達の詩については、ノートに自分の思う解説を下書きしておくべきであったかもしれない。

また、キュビスムやシュルレアリスムの絵画は、子どもの空想を広げたのだろうか。子どもからは、「最初はなんだこれ？と思ったけど、じっくり見ていると、これから起きそうなことが次々浮かんできた」「絵に描かれていないことも浮かんできた」という言葉が聞かれた。

事後のアンケートで、「絵があることで、空想が今までより広がった」と肯定的な評価をした子どもは十五人中十三人であった。絵画からの詩では、これまでの詩よりも場面が深くなり、物語性が感じられ、内容の質的な変化が見られた。

では、「なりきる」ことは有効だったのだろうか。子どもの創作した詩には、なりきっているからこそ浮かんできたであろう表現や感情、出来事が多く見られた。なりきることは、一つの手段として有効であったのかもしれない。一方で、「絵の外から見て書いた方が書きやすい」「感じたことを素直に書くより難しかった」といった記述も見られた。何かになりきろうとした時、無意識に感情移入しやすいもの、自分と似たものを探し、自分と似た人格で、似た体験をさせてしまっているような詩も見られた。「なりきる」という制約を与えない方が、空想は自由な広がりを見せたのかもしれない。

今後は、さらに抽象的で自己の意識の中から生み出されてくるような絵画（例えば《正方形讃歌》一九六六年ジョゼフ・アルバースや《円環的フォルム》一九三〇年ロベール・ドローネーなど）から、自由に空想を広げ詩を創作することも試みたい。

（宮本　隆裕）

●参考文献●

天野紳一（二〇一〇）「コミュニケーションは鑑賞能力を高めるか」広島大学附属東雲小学校研究紀要 PP.92-95.
葛西琢也（一九九七）「トランスフォーメーションの獲得」『児童の言語生態研究』第15号
葛西琢也（二〇〇九）「作文とイマジネーション」『児童の言語生態研究』第17号
サイモン・ウィルソン（一九九七）『シュルレアリスムの絵画』西村書店
武村昌於（二〇一八）「日常性を転換させる方法としてのおまじない」『児童の言語生態研究』第18号
谷川俊太郎（一九九五）『クレーの絵本』講談社
中川節子（二〇〇四）「子どもの語るあの世」『児童の言語生態研究』第16号
フィリップ・クーパー（一九九九）『キュビスム』西村書店

宮本実践の解説

実践1「自分の気持ちを詩にしよう」で宮本教諭は、第〇次の土壌づくりとして十分に詩に触れさせておいた上で（これは子どもの無意識に働きかける「しつらえ」である）、「詩の方法」を明確に示し意識化させるようにしている。これが「知的しかけ」になっている。小学校低学年までの子どもは、無意識からあふれるイメージの世界で生きている。中学年から徐々に子どもは、意識によって作られた現実認識の世界に生きていくことになる。これが、児言態のいう「分母と分子の転換」である。とはいえ、小学校中学年の子どもは、意識によって作られた現実認識をつかみ始めたために、「知的しかけ」をほしがる段階でもある。宮本実践では、小学校中学年の子どもに、この「知的しかけ」を有効に与えている。

この実践のもう一つのポイントは、「教室だけでなくどこで書いてもよい」という点である。「子どもは机を自分の好きな場所に動かして詩を書いたり、図書室や中庭、校庭の木の下で書いたりするなど、思い思いの場所で詩を書いていた」という。ここで、子どもは、自分自身の無意識に出会うきっかけを掴むことができる。いつもの教室ではいつもの意識生活をしてしまうからである。さらにピア・カンファランスにおいて、「（意見を聞いて）変えても変えなくてもよい」とした点である。対話を取り入れた学習が陥りやすいのは、特に集団圧力の強い日本では、自分自身の思いを対話によって抑圧してしまう。そこを「変えても変えなくてもいい」とすることで、「うーん。やっぱりなんだかしっくりこないんだよな……」といった言葉が生み出された。

実践２「絵を見て空想を詩にしよう」の「知的しかけ」は、抽象画である。宮本教諭が「現代美術の抽象画（とりわけキュビスムやシュルレアリスムの絵画）が子どもを現実世界から遠ざけ、イマジネーションを引き出すきっかけになる」と述べるように、理性優位になり始めている中学年の子どもにとっては、知的な謎に満ちていながら実は画家のイマジネーションが複雑な形で表現されている近代以降の抽象画は、素材としてうってつけなのである。

この実践の肝は「一人の子どもが友達に代わって詩の解説をし、周りの子どももそれに意見を加えながら話し合い、最後に作者本人が種明かしをする」という点である。詩の解説をする子どもは、抽象画と友達の詩の両方を解説していくことになる。それはとてもできない相談なので、結局その子どもも、自分の想いのままに語ることになる。そのような説明に出会った当該の詩の作者も、自分の詩にそのような解釈があったのかと驚き、自分自身をふり返ることになる。宮本実践には、小学校中学年の子どもに、「知的しかけ」を有効に使いつつ、子ども自身の無意識に出会わせる「しつらえ」をいくつも施しているのである。

最後に課題として書かれている視点の問題は、高学年から中学高校と大変重要な問題になっていく。芸術は、誰の視点（視角）で語る（観る）かが決定的に重要だからである。今後視点ということも大きな課題として、絵や文の表現を重ねていきたい。

（難波　博孝）

第Ⅱ期（小学校五年）

単元「連詩」に挑戦しよう

1　単元の目標

○書き手が表現しようとしている詩の世界（場面の様子や思い）を読み、つながりを考え、自分のイメージした詩の世界を表現できるようにする。

○創作した連詩を比べることで、ものの見方・考え方、感じ方のちがいや面白さに気づくことができるようにする。

2　「学びの豊かさ」の視点

本単元は、友達と協力して詩を創作する楽しさを感じることをねらっている。自分が思い通りに書ける個人での詩の創作とちがって、連詩には自分の詩がどう受け止められ、どうつながっていくのか、予想できない面白さがある。当然、そこには「つなげる」という制約が生まれ、自由に書けない難しさも生じる。そこで単元構想を工夫し、春・夏・秋・冬と連詩の創作を四回繰り返すことにより、活動への慣れや安心感、表現の質的な高まりを期待した。そして対象のとらえ方や想像の広げ方、表現の面白さから新たな気づきや価値を見出せれば、学びを豊かにすることができたと考える。

3 単元計画（全八時間）

次	時	学習活動	指導上の留意点
第一次	1	○連詩について知り、実際にやってみよう。 ・連詩の創作方法を確認する。 ・教師の考えた一連の続きを三人グループで各々が考え、四連の連詩を完成させる。 ・感想をノートに書く。	○連詩とは複数の人が集まって順番に詩を付け合っていく共同制作であることを理解させる。 ○四行で創作し、次の人へと回すようにする。 ○面白さや難しさ、ルールについての素直な感想をノートに書くようにする。
	2	○作品を読み合い、ルールを確認しよう。 ・感想をもとに、面白さや難しさ、行数や時間などのルールを話し合う。	○起承転結の構成や優れた表現が具体的に感じられる作品を教師が選び、紹介する。 ○行数や時間は、柔軟に考えるようにする。
	1	○春をテーマに連詩を創作しよう。 ・春と漢字一字を組み合わせた題で連詩を創作する。 ・班で交流した後、気に入った作品を紹介する。	○箱から引いた漢字一字を使って「春の□」「□の春」を題に連詩を創作することを確認する。 ○紹介したい作品を選び、理由を明確にする話し合いをグループで行うようにする。
	2	○夏をテーマに連詩を創作しよう。 ・夏と漢字一字の題で連詩を創作する。	○「夏の□」「□の夏」を題に連詩を創作することを確認する。学習の流れは前時と同じ活動

次	時	学習活動	指導上の留意点
第二次		・班で交流した後、気に入った作品を紹介する。	にすることで見通しが持てるようにする。
	3	○春と夏の連詩創作をふり返ろう。 ・さらに連詩をよいものにするために、どうしたらよいかを具体的に話し合う。	○季節感や漢字一字の意味が詩の中に入ること、五感を使うこと、無駄な言葉に敏感になることの重要性に気づかせるようにする。
	4	○秋をテーマに連詩を創作しよう。 ・秋と漢字一字の題で連詩を創作する。 ・班で交流した後、気に入った作品を紹介する。	○「秋の□」「□の秋」を題に連詩を創作することを確認する。選んだ理由は、前時の具体的な観点に結びつけて考えるようにする。
	5	○冬をテーマに連詩を創作しよう。 ・冬と漢字一字の題で連詩を創作する。 ・班で交流した後、気に入った作品を紹介する。	○「冬の□」「□の冬」を題に連詩を創作することを確認する。学習の流れは前時と同じ活動にすることで見通しが持てるようにする。
第三次	1	○学習のまとめをする。 ・これまで創作してきた連詩を一人で読む。 ・詩の創作についての思いをまとめる。	○これまで創作した詩を改めて読み、活動をふり返る時間を十分に確保する。 ○連詩の面白さや難しさに焦点を当てて、四回の連詩への思いを書くようにする。

4 授業の実際

◇第一次　第1時　連詩について知り、実際にやってみよう

「連詩」と板書し、「連詩」について知っている人を尋ねたところ、知っている子はいなかった。「五七五につなげて七七を別の人が考える。それをくり返すのが連歌で、連詩は複数の人が集まり順番を決めて次々に詩を付け合っていくもの」という説明をした。まずは「やってみよう」と投げかけ、教師の考えた一連に続く二連四行・三連三行・四連三行を三人グループで順番に創作した。下の詩「坂道」はその作品例である。

連詩創作後の主な感想は、次のようなものであった。

・相手に渡す時ワクワクして最後の連を読むのが怖かった。
・自分が書けるか不安だったけど、友達の連を読むと想像が広がって面白かった。
・どんな感じで終わらせたらよいかとても迷った。
・変なことを書かないようにとプレッシャーを感じた。
・もっと連を増やして長く続けても面白いと思った。
・違う人ともやってみたい。一連も自分たちで考えたい。

坂道

長い長い坂道を上り続けた
額から流れる汗を手でぬぐう
自然に足が止まり周りを見渡したがだれもいない
この坂を上ったところには何が待っているのだろう

また長い坂を上り続けた
今さっき通った道
今から上る道
もっと先に何があるのだろう　T・Y

もっと先は
もっともっと先は
何だろう　W・Y

田んぼがあった
田んぼの稲の穂に赤とんぼがとまってる
先を見ると何もない白い世界であった　H・N

◇**第一次　第2時　連詩のルールを確認しよう**

第1時に初めて連詩を創作した子どもたちと話し合って決めたルールが次のものである。

○漢字一字が書いてある紙を箱から引き、その漢字と季節を題にして連詩を創作する。
（漢字一字は、光・風・海・波・空・月・夢・旅・道・音・声・夜の全十二語）
○グループのメンバーはくじで決める。四人もしくは三人グループとする。
○一連四行・二連四行・三連三行・四連三行で創作する。
（三人グループは、一人が一連と四連を創作する）
○創作する時間は各連四分とする。書けない場合は、次の人が補って創作を続ける。
○三連を書く前に発想転換の言葉を一人一枚引き、三連には引いた言葉を必ず入れる。
（言葉は、黄・緑・赤・青・黒・白などの色の言葉、荒い・苦い・甘い・丸い・軽い・遠い・美しい・優しいなどの形容詞、焦る・驚く・諦める・恐れる・憧れる・切ない・幸せなど四十語）

◇**第二次　第1時　「春」の連詩を創作しよう**

「春。何月？　桜の花は？　空は？　風は？　日差しは？　花壇の花は？　虫は？　気分は？　春といえば？」

子どもたちに目を閉じるように指示し、「春」の季節が具体的にイメージできるように間をとりながらゆっくりと話した。グループの代表が漢字一字の紙を箱から引き、その漢字を使って一人ひとりが題を決めた。最初の四分で一連を創作し、ワークシートを回し、次の四分で二連を創作した。そして発想転換の言葉を引き、必ず入れることを確認して、三連、四連を創作した。四人グループは四作品、三人グループは三作品の連詩が完成した。その後、紹介する「お気に入りの作品」を選び、全体の場で発表した。「この言葉がこうだからよい」「この言葉がつながっているからよい」「この言葉が全体的な雰囲気をこんな感じにしている」など、言葉に着目した理由を複数挙げるよう伝えた。実際に創作した「春」の連詩を次に紹介する。

春の月

見渡せばたくさんの星がある
わたしは一つ
相手はたくさん
一番輝いているのはだれ？
N・M

ぼく　ぼくと
言ったのは
きらきら輝く
一等星
O・K

しゃべりだしてどれくらいたっただろうか
一等星は言った　切ないと
それは母の月と離れ離れになったから
T・S

にっこり笑った一等星
「月は独り立ちさせたいんだよ」
「地球さんは今…春だからね」
こう返すしかなかった
K・R

春の声

だれですか
どこからか聞こえてくる春の声
春ですよ　起きてください
春ですよ　起きてください
H・Y

やっと出られる
春のお告げだ
生き物たちが花の畑にかけだした
何千万の生き物の中の一匹が空に聞く
O・S

僕は飛び立ってもいいんですか？
荒い声でそう聞いた
空から返事はなかった
K・M

なぜ返事が聞こえなかったの
だって夢の中
春ですよ　起きてください　春の夜
H・Y

春の海

今日の海　明日の海　いつでも海は変化する
今は春
桜の花びらなびかせて
ライトブルーの物語
S・R

ピンクのお化粧して
うれしそうに
コロコロ笑って
流れる季節
N・I

なのにだれも見てくれない
こんなにきれいなのに見てくれない
私は驚いた
T・Y

あなたを乗せてずっといっしょに
なぜいやしてくれないのか失恋なんてしたくない
ライトブルーの物語
S・R

「春の月」は、星たちの会話を想像してできた連詩である。一連でたくさんの星が輝き比べをしている世界を、二連で「ぼく」と自己主張する一等星の存在を際立たせている。三連は「切ない」の発想転換の言葉を引き、母なる月と離れ離れになった星とした。四連は、四行になってしまっている。「にっこり笑う」「返すしかなかった」という一等星の複雑な心情は読み手にはわかりにくい結末になってしまっている。題名の「春」に結びつけたいという意図は感じられるが、最後の連の創作の難しさが現れている作品といえよう。

「春の声」は、生き物たちの春のねむりの心地よさがうまくつながっている作品である。第三連は発想転換の言葉「荒い」を引き、かなり悩んだようだ。創作した子自身も「荒い声でそう聞いた」の一行については納得がいかない様子であった。「春ですよ　起きてください」の繰り返しがねむりの深さを効果的に強調しており、生き物たちの春という季節感が感じられる作品となった。

「春の海」は、桜のピンクと海のライトブルーの色彩がきれいな作品である。三連の発想転換の言葉は「驚く」であった。「私は驚いた」として次の人に何に驚いたかは考えてもらうようにバトンを出したが、つながらなかった。四連の「いやす」「失恋」を一連から三連までとどう結びつけるか、読み手は悩むにちがいない。創作した春の連詩の中には、一見つながっているようで意味をよく考えないとどういうことかわからない作品が他にも見られた。これが連詩の難しさであろう。

◇第二次　第2時　「夏」の連詩を創作しよう

「夏」の連詩の創作は、見通しを持てるように、前時の「春」の時と同じ学習展開で進めた。

夏の顔

ぼくの夏には顔がいっぱい
川に入って楽しい顔　縁側で寝てる顔
宿題やらずに青い顔
ぼく、ボク、僕、本当の顔はどんな顔
O・S

夏の顔
いろんな顔がある
気持ちによって変わる
行動によって変わる
N・I

それでも諦める時の顔はない
ぼくは諦めないんだ
嵐が吹こうと風が吹こうと
T・R

そうだ、ぼくは諦めないんだ
本当の顔も選ばなくたっていいんだ
ボクとぼくと僕がうなずいた
O・S

夏の雨

肩に何か落ちてきた
何だろうか
空を見るとどんより雲
雨だ　雨が降ってきた
K・M

パラパラと降る雨がほんのりと光る
折りたたみかさをさす
少し強くなってくる雨
水たまりができてきた
K・Y

透明なかさをすべっていく
雨つぶが
わたしは雨つぶのように走った
T・S

ずっと走った　走り続けた
空を見上げると虹が光り
わたしのかさの雨つぶと重なった
H・N

空の夏

夏になったなぁ
ぼくは空
周りを見渡すと大きなわたがし
食べたいけれど食べれない
H・Y

ぼくは空だから
食べたい　食べたい
そう思っても
やっぱりできない
K・M

下には小さな子どもの顔　おつかいかな
やがてすっかり暗くなり足元が見えなくなってきた
やっぱりあの子が転んでもぼくには救うことなど…
S・R

できた　ぼくはうれしくなった
その子はゆっくり立ち上がり上を向いた
そして小さな頭でぺこりとおじぎをした
I・K

「夏の顔」は、いろんな顔があることを表記を変えて表現している点が効果的である。三連の発想転換の言葉は「諦める」だったことから、「諦める時の顔はない」とし、四連でどうつなげるか苦心している。しかし、最後の一行「ボクとぼくと僕がうなずいた」もユーモアが感じられる一行である。「夏の雨」は、雨の降り始めから強い雨、雨上がりの虹と時間の経過がうまくつながっている作品である。「夏の顔」と同様に、最後の一行が情景の美しさを感じさせる効果的な表現になっている。

「空の夏」は、空を擬人化し、空の視点から下界をとらえた詩となっている。こうした詩は他には見られなかった。最後の一行のおじぎはだれにしたのかを考えると面白い作品である。

◇第二次　第3時　「春」と「夏」の連詩をふり返ろう

これまでの活動をふり返り、「さらに連詩のレベルを高めるためにどうするか」をテーマに話し合いの時間を設けた。連詩作品を取り上げながら、「ここがよい」「ここを直せばもっとよくなる」を考えるように投げかけた。創作に生かす具体的な観点として次の四点にまとめられた。

①短く、リズムよく、無駄な言葉は省く

一行が長くなり、物語作文のように感じられる作品があった。そこで、「詩とは何か」を思い出させ、「短くてリズムがある」「書かなくても伝わる言葉は省く」ことを再度確認した。

②題（季節感や漢字一字の意味）を大切にする

題をあまり意識せず、創作している作品があった。これは、「どうつなげるか」にばかり意識が向いたからであろう。もっと季節感や漢字一字の意味を大切にすることを話した。

③五感を大切にする

「春」の連詩作品の中に、視覚と聴覚と臭覚をうまく取り入れた作品があった。そのよさを全体の場で取り上げ、触覚と味覚を合わせて五感を大切にすると具体的に伝わるよさがあることを確認した。

④一語を大切にする

連詩創作の様子から一語（一つの言葉）が詩全体にどれだけ影響しているのかについて考える作品例を提示した。安易に言葉をつかうのではなく、言葉を選んで感覚に合った言葉をつかう構えで臨むよう働きかけた。

この四点は「秋」「冬」の創作におけるグループでの話し合いの観点になることを共有した。

◇第二次　第4・5時　「秋」「冬」の連詩を創作しよう

「秋」と「冬」の子どもたちの連詩作品を紹介する。

「秋の神」「秋の光」ともに神と光にこだわりつつ詩を創作していることが感じられる。前時でさらにレベルを高めるための具体的な観点を生かそうとしたからであろう。「秋の神」で一連を創作した子は、「天気の神」「気温の神」のところで何度も何度も消しては書く姿が見られた。どんな神を登場させるかで迷っていたようである。こうした言葉に対するこだわりを大切にしたい。この連詩は、実りの秋、収穫の秋というイメージが四人に共有され、連詩のよさが表れている作品といえよう。「秋の光」は、短い秋の時間の流れを表現している作品である。表現されている世界は抽象的で難しいものになってしまったが、友達の秋と光の関係づけをしっかり受け止めて、想像を広げながら自分の創作に生かそうとしている。

秋の神

天気の神
気温の神
秋にだけ現れる神
その中でも私は　K・M

農作物の神
私はいつも
天気の神と気温の神に
助けられている　T・R

時には重い気持ちの時もある
だが天気の神と気温の神には
助けられやしない　S・R

地上からのさけび声で目が覚める
仕事を忘れていた
「今年は不作です」
テレビからアナウンサーがそう告げた　I・K

秋の光

そろそろ秋らしくしなくては
今十月の終わり
食の秋　読書の秋
秋を連れてくるのはだれだろう　O・S

赤くそめた
葉のすき間からもれる
かすかな光が
秋をかばんにつめこんだ　N・I

そうだ　秋を連れてきたのは光なんだ
そう気づいたとき
辺り一面は清らかな光であふれていた　N・Y

光を背にあびて
秋は言った
「秋はもう終わる」　F・K

「冬の歌」は、雪の情景から歌へ、歌からおばあちゃんとの思い出に発想がつながっている作品である。「雪やこんこ」の具体的な歌詞が出たり、家族に引き継がれたり「歌」が詩の中に存在感のあるものとして位置づけられている。

「冬の音」は、冬の音は「サンタの鈴の音」というだれもが思いつく発想だが、まちがえても関係なく喜ぶ僕と弟に気づかないサンタのあせる鈴の音に変わるという展開が面白い。

冬の歌

雪がしんしんとふっている
何もない真っ白な世界
犬は庭でかけ回り
猫はこたつで丸くなる
N・A

雪やこんこ　あられやこんこ
冬の歌
子どものころに祖母に教えてもらった
祖母の次に私　私の次につながる家族の輪
T・S

大好きだったおばあちゃん
いつでも優しかった
冬になるといつも私をひざにのせて
N・I

おばあちゃんはもういない
でも思い出すのはおばあちゃんの笑顔
だからおばあちゃんと歌った
M・Y

冬の音

リンリンリンと音がする
今日はクリスマス
その時空にかげが見えた
それはサンタクロース
K・Y

今年のプレゼントは
お菓子の詰め合わせ
サンタクロースは
プレゼントをまちがえた
M・S

ぼくと弟を
だとしてもこれもほしかった
気持ちは雪とともにさわやかに消えた
E・R

目が覚めた　ねむっていたらしい
そこにはお菓子の詰め合わせがあった
どこからかあせる鈴の音が聞こえた
T・Y

5　実践をふり返って

ここでは、単元終了時のアンケートへの記述をもとに、連詩の魅力についてまとめる。

連詩に対しては全員が好意的に受け止めていた。その理由は、第1時の感想で出されたものと相違はなかったが、より実感の伴うものになっていた。一言で表すなら「ワクワクドキドキ」である。相手がどう受け止めるか、どう展開し、どんな詩ができるかのワクワク、想像により書くことが広がるワクワク、一方で、どんな詩が来るか、もっとよいものにしなければというドキドキも同時にある。受け止める相手がすぐ横にいて、協力して一つの詩が完成する連詩だからこその思いといえよう。

また、創作を繰り返したことによる変化を問うと、次のような反応が見られた。

・書きたいことを書くというより、どう書いたら次の人へつなげられるかを大切にするようになった。
・前の人、次の人、季節、漢字一字、言葉や思いなど考えることが多い分、大変さがよくわかった。
・ここではどういう言葉がよいか、この言葉は大事だという意識が持てるようになった。
・起承転結の転が一番難しく、だからこそ転を大事に考えるようになった。
・慣れてきて不安が減り、見直したり読み直したりする余裕が持てるようになった。

これらの反応から、つながりへの意識の高まり、言葉へのこだわり、構成への着目、喜びや達成感による意欲の高まりを感じていることがわかる。前の人と「つなげる」、前の連と「つなげる」ということは、前の連のどの言葉を抽出しどう関連づけて考え、表現するかということである。つまり、連詩の創作は、言葉と言葉を関係づけて新たな詩の世界を切り拓く面白さやよさがあると考える。

（谷　栄次）

参考文献

大岡信（一九九一）『「連詩」を愉しむ』岩波新書
大内善一（二〇〇二）『「伝え合う力」を育てる双方型作文学習の創造』明治図書
谷栄次（二〇〇四）『詩の鑑賞と創作の関連を図る単元づくりの試み』広島大学附属東雲小学校研究紀要、pp.23-27

第Ⅱ期（小学校六年）

単元　詩を創作しよう「わたし」

1　単元の目標

○詩を書いたり読んだりすることにより、「わたし（自分）」への見方や感じ方をより豊かに、深くとらえることができるようにする。
○自分への思い・自分の思いを開放的にのびのびと詩として表現することができるようにする。
○創作した詩を読み合うことで、書き手の思いに共感したり新たな見方や感じ方に気づいたりすることができるようにする。

2　「学びの豊かさ」の視点

本単元は「わたし（自分）」を対象化し、詩の形式で表現することをねらっている。「将来の自分」、「もう一人の自分」、「本当の自分」という切り口で繰り返し「わたし」と向き合う場を設けた。モデルの詩を提示し、創作のポイントの共有化を図り、創作した詩をグループで読み合ったり、共感性や意外性という観点で話し合ったりする活動を行う。その中で、異なる考え方と出合い、「わたし（自分）」の見方をより深くとらえ直すことが、本単元の学びの豊かさにつながるととらえている。

3 単元計画（全七時間）

次	時	学習活動	指導上の留意点
第一次	1	○比喩を使って「将来のわたし」を詩にしよう。 ・モデルの詩を読み、たとえるものの特性が将来の姿にどう結びついているのかを読み取る。 ・創作のポイントを明確にして詩を創作する。	○将来、こう生きたい・ありたい・なりたいという素直な思いを詩に表現することを確認する。 ○創作する際には、「わたしのこれからを考える」「見た目や特性などを考えた上でたとえるものを決める」を必ず入れるようにする。
	2	○創作した詩を読み合おう。 ・いくつかの詩を読む。 ・さらに教師の選んだ代表の詩二編について共感性・意外性の観点で話し合う。	○創作した詩を五編くらい取り上げる。 ○共感性と意外性のマトリックスで各々が詩をとらえ、その理由を話し合うようにする。
第二次	1	○もう一人のわたしが語る「わたしへのメッセージ」を詩にしよう。 ・モデルの詩を読み、もう一人のわたしが語っている連を見つけ、伝えたいことを読み取る。 ・創作のポイントを明確にして詩を創作する。	○わたしの中のもう一人のわたしの存在を意識して詩に表現することを確認する。 ○創作する際には、「語っているように書く」「今の自分の具体的な状況を入れる」ことを大切にする。
	2	○創作した詩を読み合おう。	○第一次と同じ学習の流れにし、見通しを持た

		・いくつかの詩を読む。 ・さらに教師の選んだ代表の詩二編について共感性・意外性の観点で話し合う。	せる。 ○創作した詩を五編くらい取り上げる。 ○共感性と意外性のマトリックスで各々が詩をとらえ、その理由を話し合うようにする。
第三次	1	○他の目から見たわたしと本当のわたしを比べて詩にしよう。 ・モデルの詩を読み、わたしが周りからどう見られているか、本当はどんな子だと言っているかを読み取る。 ・創作のポイントを明確にして詩を創作する。	○家族や親戚、友達からよく言われることを思い出し、詩に表現することを確認する。 ○創作する際には、「周りの人はわたしをどう見ているのか」「本当はこうなんだ」を必ず入れるようにする。 ○第一次・第二次と同じ学習の流れにすることで、見通しを持たせるようにする。
	2	○創作した詩を読み合おう。	
	3	○学習のまとめをする。 ・これまで創作してきた詩を一人で読む。 ・詩の創作についての思いをまとめる。	○創作した詩を改めて読み、活動をふり返る時間を十分に確保する。思いを出し合う中で、創作の面白さやよさに焦点を当てる。

4 授業の実際

◇単元前の土壌づくりとして

単元に入る二週間前に、「わたし」「自分」をテーマにした百編の詩を集めた詩集「わたし」を配付した。新川和江「名づけられた葉」、高村光太郎「道程」、まどみちお「ぼくがここに」、谷川俊太郎「ひとりひとり」、高見順「われは草なり」、山村暮鳥「どこかに自分を」、宮沢賢治「雨ニモマケズ」などの詩の他に、短歌や俳句、川柳などを集めたものである。読んで気に入った詩には、目次に印をつけたり、自由に書き込んだりしてもよいことにした。これは、たくさんの詩や言葉にふれ、言葉の持つ響きやリズム、「わたし」への見方の多様性を感じることを意図したものである。

◇第一次　第1時　比喩を使って将来の「わたし」を詩にしよう

「これからの自分や将来の自分を想像して詩に表現しよう」を学習課題にして、教師の創作したモデルの詩「石」を提示した。一斉音読・一人音読をした後、石のどんなところに作者はひかれているのかについて話し合った。子どもたちから「目立たないけど確かにあるという存在感」「出しゃばらないよさ」「雨の時はきれいで輝く存在である」などの意見が出され、たとえるものが持っている特性や見た目が将来のなりたい自分の姿に結びついていることが大切であることを確認した。そして①自分のこれからを考える（生きたい・ありたい・なりたい）、②たとえるものを決める（理由や特性、見た目など）、③使いたい言葉を書き出すの三点を創作メモとしてノートに書いた。

子どもたちの詩「渡り鳥」「自分は」「太陽」「声」を紹介する。

石

わたしは道に転がっている
名も無い石のように生きたい
決して自分が自分がと
出しゃばることのない
石のように生きたい

石は誰からも相手にされず
放っておかれている
雨が降ればただ雨に打たれるだけ
雨が上がれば輝いてきれいに見える

石はそこにいるという存在感を発揮する
人間にけられたり
じゃまだと投げられたり
それでもそこに居続けている

ああ　目立たなくても
確かに生きている証をもっている
石のように生きたい

渡り鳥

ぼくは渡り鳥みたいな
生き方をしたい
渡り鳥は未知の世界へ
雨や風などの障害があっても
飛びつづける

渡り鳥を一目見ると
「季節が変わったな」
という気分になって
心がはずむ
そうこうしているうちに
渡り鳥が飛んでいく

渡り鳥は人の心をはずませ
未知の世界へ飛びつづける

ぼくは渡り鳥みたいな
生き方をしたい

自分は

ぼくは
くさりかけの卵だ
すぐに周囲からの刺激が必要な人間だ
一人だったらなにもできない
未熟
すぐに料理されないと
くさってもっとだめになる
すぐに料理されないと
だめな人になってしまう

変えたい

だから自立した独りの鳥になりたい
そうすれば自分一人で生きていける
まだ間に合う
まだくさっていないのだから

太陽

太陽は優しいそしてあたたかい
そんな太陽みたいに生きたい

太陽はみんなを空から
いつも黙って見守っている
静かに　静かに
でも人間にも植物にも
なくてはならない存在
太陽がいるとなんだかほっとする

ああ　太陽っていいな
優しくてあたたかいそんな
太陽みたいに生きたい

声

私は自分の声になりたい
声は出しすぎるとかれることもある
だけど声には自由に好きな音
言葉を出すことができる
それはすばらしいことだ

私は歌うことが好きだ
でも大きくなるにつれ声が変わる
昔は何の不安もなく思い通りに出ていた声
その声は出なくなる
それがどれだけつらいか

だから私は声になりたい
声になった思い通りに声、音を出す
歌いたい歌を不安なく歌える
自分の目指す声になりたい
一度だけでも自由になりたい

私はわたしの声になりたい

子どもたちが将来の自分を何にたとえたかについては、太陽4名・鳥4名・雑草3名・木3名・葉2名・時計2名・地球・星・根・土・水・雲・声・電気・本・鉛筆などであった。自然のものや暮らしの中の身近なものが多いことがわかる。

「渡り鳥」は、渡り鳥のような生き方に憧れを感じている詩である。自由に羽ばたく鳥のように生きたいという比喩は思いつきやすいたとえであるが、「『季節が変わったな』／という気分になって／心がはずむ」という表現がこの詩のよさである。「自分は」は、自立した鳥になりたいとしているが、今の自分を未熟でくさりかけの卵だとしている。こうした発想はなかなか思いつかない独創的な表現である。「渡り鳥」が読み手の共感性を得やすい詩であるのに対して、「自分は」は読み手に意外性を感じさせる詩であるといえよう。

「太陽」は、優しく見守る太陽のように生きたいという詩である。こう生きたいということが明確で素直に表現されているが、きれいにまとまりすぎている印象を受ける。「声」は、自分の声になりたいという発想が面白い詩である。昔の自分の声が好きで今の声には違和感を感じているのだろうか。だからもう一度思い通りの声を出したいという強い思いが表現の中に感じられる。「太陽」と「声」のちがいは、そこに書き手の存在が確固たるものとして詩の中に息づいているかどうかにある。書き手の中にある強い思いに裏づけされ、表現された詩は、言葉にも力がある。

◇第二次　第1時　もう一人のわたしが語る「わたし」へのメッセージを詩にしよう

「自分の中にもう一人の自分がいるとします。今のあなたに何を語りかけるか想像して詩に表現しよう」を学習課題にして、モデルの詩「卒業前の君へ」を提示した。この詩では、もう一人のわたしが伝えたかったことについて話し合った。もう一人の自分が今の自分に語っているように書くことを確認し、①今の自分はどんな自分ととらえているか（がんばっている・悩んでいる・こんなことが好き・こんなことに腹が立っているなど）、②もう一人の自分が何を語りかけるかを想像する、③使いたい言葉を書き出すの三点をメモし、詩を創作した。

卒業前の君へ

卒業まであと数か月
日数にしたらそんなに残っていない
八十日くらい
八十回学校に通ったら
そう思うだけで…

授業をしたり給食を食べたりすることが
友だちがとなりにいることが
これらすべてのことが今は当たり前
大切なものはなくなったときに
その大切さに気づくものだ

この今　この一瞬は
変化していき
いつかはなくなるもの
かけがえのないものなんだ

これが君の中にいる
もう一人の私からのメッセージ

暴走列車

「ぼく」は制御の効かない暴走列車らしい
なんのためらいもなく思ったことを
ブレーキをかけようともせず
言ってしまう
まるで列車が
テロリストに占拠されたように…

だからぼくは
心に歯止めがかけられるよう
相手に対して配慮することのできる
新型ブレーキを買って
搭載しなければならない
と思う

だから「ぼく」はいつか
電気屋でそのブレーキを
買いに行きたいと思っている

小学校の終点の駅に着くまでに
「ぼく」はぼくにそう伝えた
よろしく～　と

あの道この道　行き先どっち

あの道この道　行き先どっち
あの道この道　行き先どっち
人生の道
心の道
道には自分という列車が通っている
「どっち行くの」と行き先を聞いてくる
私が道を伝えると列車は
どんどん進んでいく
私が迷うと列車は止まり
「どうするの」と聞いてくる

あの道この道　行き先どっち
あの道この道　行き先どっち
一生出てくるこの言葉
行き先が分からなくなったら
心に聞いてごらん
あの道この道　行き先どっち

子どもたちはどんな今の自分にメッセージを書いただろうか。卒業前の自分8名・受験で苦しんでいる自分5名・気の弱い自分3名・疲れている自分2名・ゲーム好きな自分2名・素直になれない自分2名・好き嫌いが激しい自分・叱られる自分・集中できていない自分などである。モデルの詩が卒業前の自分へのメッセージだったため、その印象が強く影響したと思われる。

「暴走列車」は、創作中、何度も手を止め、消しては書くをくり返していた子どもの詩である。「制御の効かない暴走列車らしい」という比喩が独特で面白い。この子どもにしか書けない言葉の選び方であり、そこにこの詩の価値が感じられる。「あの道この道行き先どっち」は、リフレインが効果的に使われている詩である。「暴走列車」と同じで自分を列車にたとえているが、全く意味がちがっている。目の前の中学校進学、その先どういう道を歩むのか、答えのない問いへの不安や戸惑いを上手く表現している。このような直接的なメッセージ性の強い詩が多く見られたのは、もう一人の自分を意識し、今の自分へのメッセージを考えるという題材の特性に起因していると思われる。

◇第三次　第１時　他から見たわたしと本当の「わたし」を詩にしよう

「これまで周りの人からどんな人だといわれてきましたか？　それに対して『本当は』こうなんだという思いを詩に表現しよう」を学習課題にして、モデルの詩「本当の私」を提示した。詩を読んで他の目から見たわたしと本当のわたしのちがいについて話し合った。他の目から見たわたしと本当のわたしが真逆でずれ幅が大きいほど、詩が面白くなることを確認し、①周りは自分をどう見ているか（予想でもよい）、②それに対する「本当は」という思い、③使いたい言葉を書き出すの三点をノートに書いた。子どもたちの詩「それなのに」「私だけ」「本当の『弱い』」を紹介する。

本当の私

私は小さい時から
「ほんとに手のかからない子だね」
と言われ続けてきた
ねむたい時は勝手に寝て
泣いてぐずることは一切ない

私には兄がいる
兄が叱られる姿を見て
私は叱られない術を学んだ
兄がほめられる姿を見て
私はほめられる術を学んだ
「いい子でいたい」
いつもそう思っていた

でも本当の私は
決していい子なんかじゃない
うそをついたこともある
忘れ物をしたこともある
非常ベルを鳴らして逃げたこともある
給食を食べられずに泣いたこともある
悪口や文句だって言うんだ

本当の私をわかってくれる人は
誰一人いない

それなのに

私は昔から
「〇〇は良い子だね」
「頭が良いよね」
と言われていた
だから
自分はすごい
自分はすごい
と思い続けていた

その分
テストの点数が悪かったりすると
ものすごく落ち込んだ
プレッシャーが高まり、集中できなくなった
自信も持てなくなった
反抗することは悪いと思うが
してしまうようになった

それで最近は思う
「自分は悪い子」
だと…

だが　親は　それでも　自分を
自慢できる子供にしたいようだ

私だけ

本当の私をわかるのは私だけ

親からの言葉は
「まだまだ子どもだね」
親のやっていることをまねして
失敗すると
「やっぱり子どもだね」
そう言われる

私はその言葉がきらいだ
私はもう子どもじゃない
一人で買い物いけるから
自分のことは自分でできるから

また失敗した
言われる言葉は決まっている
「まだまだ子どもだね」
いつになれば私から消えるの
この言葉
本当の私をわかるのは
やっぱり私だけなのか

本当の「弱い」

ぼくはもともと「弱い」人だ
こわいものがたくさんある
悲しくなることもある
それをかくして強く見せてしまっている
本当はこわい
本当は悲しい
その気持ちを言葉と態度という
鎧（よろい）で閉ざしてしまう

僕は鎧を脱ぐ
こわいものはこわい
悲しいものは悲しい
それを聞いて笑う人はいない
なぜなら人間は
こわい・悲しいなどの感情を
だれもがもっているからだ
もし笑う人がいたとしたら
その人こそ心を鎧で閉ざしてしまった
本当に心の弱い人だからだ
ぼくは本当に心の弱い人にだけは
なりたくない
だから鎧を脱ぐ

「それなのに」は、創作後に「本当のことはさらけ出したくないと思いながらも本当のことを書いた」といっていた子の作品である。詩の中で「良い子」「頭が良いよね」といわれ「自分はすごい」と思っていたことを吐露している。反抗期になり、周りの大人からの期待やプレッシャーから逃れる術として「自分は悪い子」といい聞かすようになる。最後の「親は　それでも」は、変わらない現実的な親の思いと少しのユーモアを感じる効果的な一文になっている。「私だけ」は、「子どもだね」の一言に対する反発が描かれている詩である。読み手である他の子どもたちから共感を得る詩であろう。どちらも小学校六年生という時期だから感じる心のゆれを上手く表現している詩であるといえよう。「本当の『弱い』」は、観念的で説明的な表現に感じられる部分もあるが、「言葉と態度という鎧」という比喩が独特である。「あなたは弱い部分を持っていないの?」と突きつけられているようにも読み取れる。最後の一文の「だから鎧を脱ぐ」は、自分への励ましであると同時に、決意のようなものを感じる詩となっている。

◇第三次　第2時　創作した詩を読み合おう

子どもたちが創作した詩の中から教師が詩五編を選び、一つひとつの詩を全員で読み、よいところとその理由を発表した。教師も積極的に優れた表現や見方や感じ方の面白さを具体的に取り上げるようにした。次に、別の二つの詩を提示して共感性（わかるわかる）と意外性（自分には思いつかない）の観点で、価値づけをして根拠と理由を書くようにした。前頁の「私だけ」の詩に対する共感性と意外性の価値づけが次頁に示したものである。共感性は高いが、意外性は低いという傾向が明らかになったところで、共感性が高い理由を発表することにした。

・親から子ども扱いされることはわたしにもよくある。
・ぼくに対する親の見方はいつも厳しい。
・ずっと子ども扱いされるとつい反発したくなる。
・「まだまだ」といわれると腹が立ってしまう。
・自分のことは自分が一番わかっていると思う。
・わかっていることをいわれるのが嫌だと大人にわかってほしい。

など、自分の生活経験と結びついた理由が多く出された。

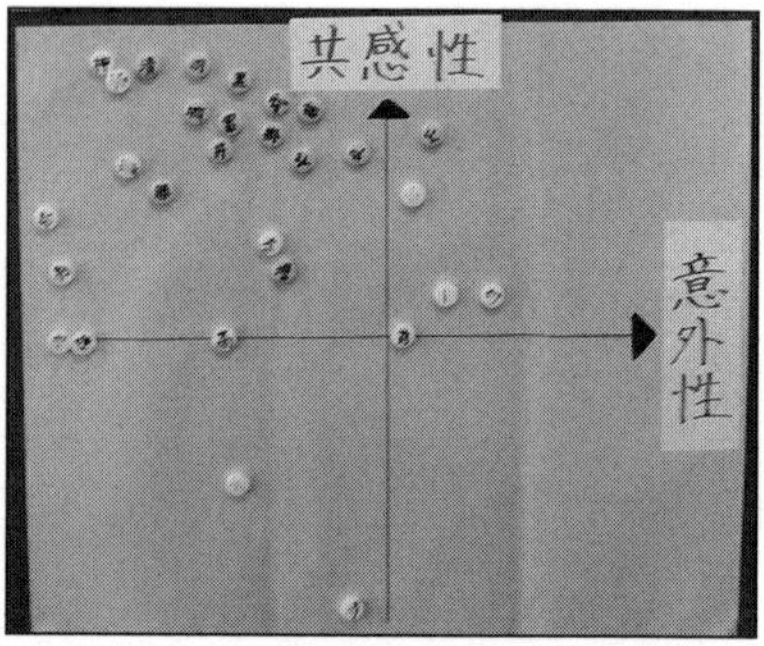

5 実践をふり返って

詩を創作する上でどの活動が役立ったかを尋ねると、次のような結果になった（複数回答あり）。

○詩集「わたし」を読んだこと……24名　○提示されたモデルの詩を読んだこと…17名
○三回創作を繰り返したこと………16名　○創作メモを書いたこと…………14名
○友達の創作した詩を読んだこと…10名

言葉への自覚を高めるためには、実際に言葉を使って表現することを通して、伝えたいことが伝わるかどうかを言葉の意味や働き、つかい方に着目して自分の中で吟味し、検討することが肝要である。最後に、第一次、第三次に書いた詩の創作についての子どものふり返りを紹介する。

・自分の心の内をよく知ることができ、自分の新しい一面を言葉で表現することで気づけたので楽しかった。不満を素直に言葉にすることで自分の気持ちを楽にすることもできることに気づいた。
・今回、自分についての詩を創作した時、しっかり自分を見つめることができたように思う。こんなふうに自分を見つめ直すことは日常にはあまりなくて詩を書く時くらいだ。それを言葉で表現することはとても難しかったが、うまく表現できた時にはとても嬉しかったし、すっきりした。
・俳句や短歌と違って、決まりごとを気にしなくていいからよかった。詩は自由で、言葉を選んで、比喩などの工夫をして表現できる。しかし、自由だからこそ創作する際には迷うこともたくさんあった。また、友達の詩を読んでそんなふうに思っているんだと知ることができて楽しめた。

これらの感想は、まさに言葉による見方・考え方を働かせて詩を創作した結果から表出された思いであろう。また、教師にとっても「この子はどんな詩を書くのだろう」という期待感、「ここでこの表現や言葉を使うのか」という驚き、「こんな感じ方をするんだな」という再発見など、毎時間が楽しみの連続であった。言葉を通して子どもが見えてくる感覚を味わうことができた実践となった。

（谷　栄次）

●参考文献●
児玉忠・大阪児童詩の会（二〇一一）『見つめる力・発見する力を育てる児童詩の授業』銀の鈴社二〇一一
児玉忠（二〇一七）『詩の教材研究　「創作レトリック」を活かす』教育出版
山際鈴子（一九九五）『かぎりなく子どもの心に近づきたくて　パート１』教育出版センター
佐倉義信（二〇〇一）『児童詩創作指導の理論と実践に関する研究』兵庫教育大学大学院

谷実践の解説

協働で一つのものをつくり上げる喜びは、協働の学びの必要性を認識しはじめた子ども達にとって重要な体験である。谷教諭の実践1「『連詩』に挑戦しよう」（五年）は「友達と協力して詩を創作する楽しさ」を子ども達が実感することを目指し、協働の学びを引き起こした。

春夏秋冬を共通の枠組みにしたことで、連詩の場を共有することができている。このような共有の場が設定されていなければ、各自の考える詩の言葉の間に共通性がうまれにくくなり、「つなげる」という重要な活動がおろそかになったかもしれない。第二時に「漢字一字」が書いてある紙をグループで選び、その漢字と季節を「題」（季節の漢字）とした創作が営まれている。「題」の選択に一種の偶然性があらわれるように仕組まれていることも有効に作用した。「春」「夏」の学習を一旦終えて、ふり返りをさせてから「秋」「冬」の連詩づくりに向かっているところも大切である。何に目を向ければいいかということをお互いに確認したからこそ、一層洗練された言葉選びが可能になった。

「5　実践をふり返って」にもあるように「連詩」を書くという取り組みを通して、子ども達が得たのは、言葉を関連づけて文脈をつくり出すこと、大事な言葉を見極めること、文章構成の面白さを左右する勘所を見極めること、修正しながら意味をつくり出す面白さを味わうことなど、実に多様である。「連詩」作成が、子どもの言葉の認知能力の発達に大きく貢献したことを、学習をふり返ることの言葉は教えてくれるのである。

実践2「詩を創作しよう『わたし』」（六年）から生まれた詩は、いずれも自己認識に関わるものだ。詩の読み書きを通して「わたし（自分）」への見方や感じ方を「より豊かに、深く」することを目指した実践である。この単元には、単元に入る前に谷教諭自身が編集した、「わたし」「自分」をテーマとする「百編の詩」を集めた「詩集『わたし』」と、谷教諭自作の三つのモデル詩という、二種類の重要な仕掛けがある。二つの仕掛けは、自分を表現するためには、思いを吐露するばかりでなく、多彩なやり方があることを、生徒に具体的な詩の言葉として伝えているところが、いずれも重要である。

子どものふり返りの中に「自分の心の内をよく知ることができ、自分の新しい一面を言葉で表現することで気づけたので楽しかった。不満を素直に言葉にすることで自分の気持ちを楽にすることもできることに気づいた」というものがあったが、この実践の成果を端的に物語っている。谷教諭自身の「言葉を通して子どもが見えてくる感覚を味わうことができた」という実感と響き合う。詩の言葉を媒介としながら、子どもと教師がともに心を通い合わせる時間であったことがわかる。

最終学年らしく、「わたし（自分）」を対象に、多彩な「見方」を引き出し、子どもの一人ひとりが自分を見つめ、他の人の自分の見つめ方に接して、さらに自分への見方を深めることが可能になった。

（山元　隆春）

第Ⅲ期（中学校二年）

単元　詩人の時間―想像の世界を広げよう

1　単元の目標

○詩の創作を通して、詩に親しむことができるようにする。
○発想を広げていく言葉選びの活動を通して、自分の表現を見つめ直すことができるようにする。

2　「学びの豊かさ」の視点

本単元「『詩人の時間』を体験する」は山元・中井の実践である[i]。この実践を、「豊かなことばのつかい手」を育成する単元の一つとして設定した。学年が上がるにつれて、「書くこと」の授業に、詩の創作を取り入れることは減る傾向にある。その原因として「どうやって授業を作るのかという指導の問題以前に、『詩を創作すること』そのもののイメージを指導者が明確に持てない」（山元・中井、二〇一三）ことが否定できない。その結果、詩の授業は鑑賞を中心としたものになりがちである。だが、「書くこと」において、論説的な文章のように構成や内容に型があるものに比べると、詩にはそういった制約がない。その分だけ表現するにあたって、自分の言葉と向き合わざるを得ない場面をつくり出すことができる単元といえる。

今回、詩の創作にあたって、次の二点に重点をおいた指導を行った。一つ目は、詩の創作を通して、詩に親しみ、自分を表現する方法が増えたことを生徒が実感できるようにすることである[ii]。二つ目は、発想を広げる言葉選びの活動を通して、自分の語彙を見つめ直すことができるようにすることである。様々な「書くこと」の学習を積み重ねながら、生徒自身が「豊かなことば」を獲得することで、学びを豊かにする指導を探っていく。

3 単元計画（全七時間）

次	時	学習活動	指導上の留意点
第一次	1	○自分にとって「よい・好きな詩」とはどのような詩か、自分の詩に対するイメージを持つ。	○これまでの体験を想起させる。 ○「詩」とは?「詩人」とは?というイメージをふくらませ、自分の「めざす姿」を明確にできるようにする。
	2	○自分の想像の世界を広げる。 ・詩人が持つ世界を表現する様々な言葉。 ・リズムや音の響き。 ・新たな気づき。	○発想を広げる「詩」を例示する。 ○図書室を利用し、「自分の好き」を見つける。
第二次	1	○詩のテーマにするメモを一枚作る。 ・一枚目…「形が変わらないもの」。 ○メモをボウルに集め、全員が一枚ずつ引く。 ○引いた言葉を詩のテーマとして、マインドマップを書く。	○創作手順を理解させる。
	2	○マインドマップをもとに詩を書く（一作目）。 ○詩のテーマにするメモを一枚作る。	○マインドマップを描く時間をしっかり確保する。

	3	・二枚目…「形が変わるもの」。 ○今回引いた言葉を前回の言葉にプラスして詩の題名とし、マインドマップを描く。 ○マインドマップをもとに詩を書く（二作目）。	○第1時よりも、イメージするのは難しいと予想されるので、マインドマップを描く時間をしっかり確保する。
第三次	1	○創作した詩を四人グループで、読み合う。 ○一作目から二作目へ、どれだけ想像の世界が広がっているか互いにコメントする。	○コメントをする際は「大切な友人」となるよう心がけ、よいところを見つけるよう伝える。 ○固定概念に縛られず、発想がどんどん広がっているかを評価する。
	2	○詩を仕上げる。 ・仲間のコメントをもとに推敲、清書する。 ○創作についてふり返る。	○自分が想像したことを表現する言葉を見つけることができたかを、しっかりふり返らせる。

4 授業の実際

◇第一次 第1時 自分にとって「よい詩・好きな詩」とは？

授業に入る前に、生徒の読書傾向を確認したところ、予想通りではあったが、「詩集」を普段から読んでいる（読んだことがある）と答えた生徒は非常に少なく、特別なジャンルとして距離を置いていることがわかった。しかし、その一方、J－POP等、生徒の日常には歌詞があふれており、これらを「音楽としてではなく、詩としてとらえてみよう」と提案したところ、次々に自分が好きな詩やフレーズ、言葉が出てきた。また、随所に表現技法（比喩、反復、対句、押韻等）が駆使されていることにも、生徒達は改めて気づくこととなった。さらに、自分が「この詩、いいな」「好きだな」と思う作品を、教科書や手持ちの国語便覧、また図書室にある詩集などから見つけておくことにした。

◇第二次 第1時 決められたテーマで詩を書こう1

まずはじめに、「形が変わらないもの」というお題で、一人ずつメモに書く。例えば、「自転車」「はさみ」「携帯電話」等、思い浮かんだものを書いたメモをボウルに集め、シャッフルして、改めて、全員がメモを一枚ずつ引いていく。メモに書いてあった言葉をテーマとして、一作目の詩を書く。

予期せぬテーマが回ってくるので、メモを引いた時は、一様に困った顔をする。確かに困るだろう。しかし、この工程は、生徒がゼロから言葉を探し出すために、大変重要なものとなる。言葉を探すための手立てとして今回はマインドマップを用いる。第二次第1時の詩の創作手順を理解する段階でもあるので、マインドマップを描く時間はできるだけしっかり確保したい。マインドマップにより、ある程度発想が広がってきたら、「詩の中でどうしても使いたい言葉」をいったん四つ選ばせ、付箋に書くこととした。その付箋を、プリントに貼りつけ、その前後を言葉で繋げる方法で、一作目を創作していった。

◇第二次　第2・3時　決められたテーマで詩を書こう2

本時は、「形が変わるもの」というお題で、一人ずつメモを書く。例えば、「水」「鉄」「風」「粘土」等、今度もメモをボウルに集め、シャッフルした後、一人ずつ引いていく。二作目の詩のテーマは「〈形が変わるもの（二枚目のメモ）〉の《形が変わらないもの（一枚目のメモ）》」とする。前時よりも、生徒達はさらに困った顔をする。創作の手順は、一作目で理解しているが、与えられたテーマを、各自咀嚼し、言葉を生み出すには前時よりも時間がかかっていた。マインドマップを描いた後、詩の形式に整えていくのは同じであるが、今回の付箋は四枚には限定しなかった。

◇第三次　第1時　想像を広げよう　詩の言葉を絞ろう

四人グループで、創作した詩を互いに読み合う。その際に互いが注目するのは、「一作目と二作目でどのように発想が広がっているか」という点である。生徒達には、二枚目のメモが加わることで、イメージがどう変化したのかを楽しませたい。もう一つ注意させるべきことは、「大切な友人として」互いの詩をコメントすることである。書かれた世界が個性的であればあるほど、「常識」や「わかりやすさ」といったことから離れていく。むしろ、そういったことを楽しむようなコメントを教師として奨励したい。一方、イメージがなかなか膨らまず困っている様子の仲間には、「なぜそう考えたの？」「この後どうなるの？」等、疑問を添えてみることを提案する。

◇第三次　第2時　想像を広げよう　詩の言葉を絞ろう

前時、仲間からもらったコメントを参考にしながら、二作目を仕上げていくことにした。
次に挙げるのは、ある女子の作品である。一作目でこの生徒は「ハサミ」という題名が巡って来た。これに対して、マインドマップから、四枚の付箋に、次の四つの言葉を記した。

「一人ひとりちがう」「チョキチョキ」「はさみにも音楽がある」「もしも楽器になりたいと思ったら」

これらの言葉をもとに創作されたのが次の詩である。

ハサミ

チョキ　チョキ　チョキ
チョキ　チョキ　チョキ
ジョキ　ジョキ　ジョキ
ジョキ　ジョキ　ジョキ

あ～あ
今日もだめだったな
ピアノみたいに、人に感動を与えたいな
あ～あ
ヴァイオリンみたいにきれいな音色を奏でたいな

楽器になったらどんな気持ちなんだろう
楽器になったら注目されるのかな
ハサミだと家にいるだけでつまんないよ

だけど
僕はモノをきることができる
楽器はすてきだけどモノはきれない
僕はきれいな音はでないけどモノをきれる

一人一人ちがうこと
それってすてきなことなんだよ

さらに、この生徒は、二作目において「ヒト」というメモが巡って来た。つまり「ヒトのハサミ」という題名で創作が行われることに決まった。

「～ヒトのハサミ～」「ヒトのハサミってなに？」「簡単かも、意外と」「人間のきょうきは口↓言葉」「言葉は人を傷つけることができる」「手や足があることで暴力も可」「体にあとが残らない、残ることもある」「でも、手足や言葉があるのは自分を守るため」「どちらも一生のきずを与えている」「だけど、あるからこそいいこともある」

一作目よりも付箋の数が多くなったのは、「ヒト」と「ハサミ」との組み合わせが生徒の想像をふくらませたためと考えられる。これらの言葉を生かし、詩として創作されたものがこの詩である。

ヒトのハサミ

ヒトにはハサミがある。
ヒトのハサミって何だろう。

あ、口だ。
口があるから、みえない相手の心を
知らぬうちにきりつけてしまう。
あ、手足だ。
手足があるから、暴力をふるってしまい、
相手の大切な体に傷をつけてしまう。

どちらも見えなかったり、治ったりしたら
「大丈夫だ」と思うかもしれないけど、
相手の心はズタズタかもよ。

でも口があるから、「ありがとう」「ごめんなさい」が言える。
手足があるから、歩いたり、握手したりできる。

ヒトにはハサミがたくさんある。
だから、ヒトがヒトを傷つける。
だけど使い方をかえれば
幸せを増やすキーワードになる。

「ヒトのハサミ」という題名となった表現を、「言葉」を喩えたものととらえ、詩を創作することができている。「ヒトのハサミ」というものが、現実的な発想では存在しえないものととらえられるからこそ、比喩表現を用いた詩を生み出すことができたのだといえる。

5 実践をふり返って

これら二作品の創作を終えてこの生徒は、次のような感想を示している。

最初詩をつくることは難しいと思っていたけど、実際にやってみると思っていたよりも楽につくることができた。でも、それは詩をかくテーマが決まっていたからかもしれない。詩人の人（原文ママ）はふと思ったことなどを詩にするんだなと考えるとすごいなと思った。
詩を書く際は自分の気持ちやふと思い浮かんだことをふせんに書いておいて、その後取捨選択し、文章をつくっていくと簡単に、そして自分の考えが自然に入っている詩ができると分かった。いろんな有名な人の詩をみて、読んだ人には理解できなくてもいいから詩人の人（原文ママ）の気持ちを入れることが大切だと知った。

この記述から、一連の創作活動が持つ様々な可能性を見いだすことができる。

まず、テーマ設定に関してである。詩創作という生徒において、生徒は自由にテーマを設定することに対し難しさを感じることが多いと考えられる。その際に、現実的ではないテーマが、運によって手元に巡ってくるということは、むしろ創作の足がかりになったともいえよう。

次に、イメージマップや付箋メモの作成が、詩創作へとつながるスモールステップとして機能していることがいえる。つまり、詩というまとまりのあるものを作成するという意識を一旦留保し、テーマとして巡ってきたものから言葉を生み出すということをまず行うことが、創作のしやすさにつながるのである。

また別の生徒は、今回の学習を次のようにふり返っていた。


詩をつくる前に、自分が気になる詩を見つける時間が授業内でとられたとき、自分は何かを物に例えるのが好きなのが分かり、今回詩をつくるときに、「例えてみよう。」と思ってたけど、なかなか難しくて出来なかった。今回の学習を通じて、発想を広げることの大変さや難しさを知り、同時にとても大切で重要なことなんだなと分かった。

これらの記述からは、詩を創作する前段階に、様々な詩に触れることで、全く読まない「詩」というものに対するイメージを明確に持つこと、また、自分の「詩」観をメタ認知することが可能となったことがわかる。これにより、創作のしやすさや、生徒の中で自主的に設定した目標が生み出されたものといえる。

しかし、この一連の創作活動にはいくつかの留意事項や課題も残っている。詩の題名を決定するメモを作成させる際、「理想のいす」のように「形の変わるもの」と「形の変わらないもの」との意味的な関係が、きわめて自然で、日常的な語になってしまった場合には、かえって発想の広がりを生み出せなかったという声が見受けられた。「形の変わるもの」、または「形の変わらないもの」を書かせる際に、より丁寧な指導を心がける必要性がある。

（浜岡　恵子）

参考・引用文献

山元隆春・中井悠加（二〇一三）「『詩人の時間』を体験する」日本国語教育学会編『月刊国語教育研究』、第四九八集

浜岡恵子ほか（二〇一八）「詩の創作を通して思考力を高める指導法の研究―『詩人の時間』を実感する学習―」広島大学附属東雲中学校研究紀要『中学教育』第四九集

i　この指導法が開発された詳しい文脈は中井悠加（二〇一六）で述べられている。

ii　中井悠加（二〇一七）は、日本における児童詩教育の課題として「作品主義からの脱却の必要性」（中井、二〇一七）を指摘し、「創作プロセスをふまえた指導法の解明」（中井、二〇一七）を提唱する。このことは中学校段階における課題としてもいえるだろう。

【付記】

本実践については、当時広島大学附属東雲中学校国語科非常勤講師として勤務していた池田匡史氏（現・兵庫教育大学助教）の多大なる協力を得た。記して感謝申し上げる次第である。

第Ⅲ期（中学校三年）

単元　詩人の時間２
――詩人との共創にチャレンジしよう

1　単元の目標

○詩の創作を通して、詩に親しむことができるようにする。
○テーマが同じ詩人の詩と自分の詩とを、言葉、内容、構成、表現方法等の様々な観点から比較し、それぞれの詩のよさを見つけることができる。

2　「学びの豊かさ」の視点

本単元では、自分の詞華集を制作することをゴールとした。そのためには、まず「詩」や「詞華集」について、十分なイメージをつくるために、様々な詩に触れる活動を入れていく。さらに、自分が創作した詩を、客観的に評価するよう、同じようなテーマで書かれた詩人の詩と自分の作品を比較する活動を取り入れた。両者の優劣を決めるのではなく、テーマのとらえ方や言葉選び、表現技法等に注目しながら、それぞれの詩のよさを具体的に述べる中で、自他の作品を評価できるようにするためである。「詩の創作」を通じて、たくさんの美しい言葉に出会い、吟味する学習を積み重ねながら、生徒一人ひとりが「豊かなことば」を獲得した実感を得ることこそ、学びを豊かにする指導につながると考える。

3 単元計画（全八時間）

次	時	学習活動	指導上の留意点
第一次	1 2	○様々な詩を読む（同じテーマで書かれた作品、表現に特徴のある詩）。 ・構成。 ・対象をとらえる視点や切り口。 ・思いを表す言葉選び。 ・効果的な表現技法。	○これまでの学習体験を想起させる。 ○「詩」を創作するにあたって、視点の置き方や表現方法の多様さを知ることで、創作に対する意欲を高める。
第二次	1	○詩のテーマを決める。	○創作手順を理解させる。
	2	○テーマからイメージしたものを、マインドマップに描く。 ○マインドマップから、四つの言葉を選び、付箋に書く。 ○付箋をもとに詩を書く。	○マインドマップを描く時間をしっかり確保する。 ○創作手順は、昨年の学習と同じである。ただし、これにだわらなくてもよいことを伝える。
	3	○同じようなテーマで詩人の書いた詩を提示し、比較しながらそれぞれのよい点を見つける（個人、グループ）。	○優劣を判断するのではなく、それぞれの詩の特徴、よさを見つけて評価できるようにする。

	4	○詩を仕上げる。 ・他者の評価も参考にしながら推敲し、清書する。 ○創作についてふり返る。 ・自分のイメージを表現する言葉を見つけることができたか。 ・表現技法等を用いて、効果的に表現することができたか。	○イメージした世界を表現するための言葉選びや表現技法を吟味させる。 ○創作にあたって自分が腐心した点や、満足している点をしっかり考えるようにさせる。 ○反省点に目を向けるのではなく、次の創作への意欲につながるような声かけをする。
第三次	1	○詞華集を作る。 〈本の帯を作る。〉	○装丁や詩の配列にも工夫を凝らすことができるよう、見本を示す。
	2	○詞華集を互いに読み合う。	○完成した詞華集を読み、さらに多くの詩に触れあう機会を設ける。

4 授業の実際

◇第一次　第1・2時　様々な詩を読もう

これまでの授業においても、様々な詩を読んできたが、注目する視点を示しながら、数点の詩を全員で読んだ。

◎構成に注目する詩（例）……高野辰之「ふるさと」、島崎藤村「初恋」、安西冬衛「春」
◎言葉や表現技法に注目する詩（例）……谷川俊太郎「春に」（比喩表現）、岸田衿子「いろんな　おとの　あめ」（擬音語）、金子みすゞ「積つた雪」（視点の変換）、山村暮鳥「風景　純銀もざいく」（反復法）他

この後に、自分で詩を創作することを念頭に置き、「面白いな」「いいな」「まねたいな」と感じたところを、自由にメモをさせた。内容を深く読み込むというよりは、一読して感じたことを優先させながら、特徴のつかみやすい詩をできるだけ多く読むことにした。

◇第二次　第1・2時　自分のテーマを決めて、詩を創作しよう

今回の学習のゴールとして、テーマを自分で設定し、詞華集（全十二ページ）を制作することにした。詞華集中には、必ず一編以上自分の創作した詩を入れ、自分が選んだ他者の作品を織り交ぜて、仕上げていく。生徒がテーマとして選んだものは次のようなものである。

友情、愛、幸せ、家族、野球、青春、小さなもの、動物園、自然、野原の生き物たち、自信を持つ、私の大切なもの、僕らの未来、私の星空、僕らが抱える社会問題　等

創作の手順は、昨年と同様、マインドマップを描き、その中から選んだ言葉を付箋に書いていく。はじめはこの手順を追って創作する生徒が多かったが、次第にマインドマップを省略し、詩を書いていく方が多くなっていった。これは、テーマ設定の時点で、ある程度自分の中にイメージが浮かんでいるということが大きいと考える。さらに、詩を創作するという活動自体に慣れてきたこともあるだろう。経験を重ねることで、徐々に自分の創作スタイルとでもいうべきものができているように見えた。

◇第二次　第3・4時　詩人と共創しよう

今回の学習においてポイントになるのは、この時間である。前時までに創作した詩と同じようなテーマで詩人の書いた詩を教師が提示し、比較しながらそれぞれのよい点を見つけていく。この時、大切にさせたいことは、二つの作品を並べて優劣を判断するのではなく、それぞれの詩の特徴、よさを挙げて評価できるようにすることである。まず、詩を創作した生徒自身が評価した後、グループ内で互いに読み合い、他者の評価も得た上で、これをもとに自分の詩を推敲し、作品として完成させた。

「生きる意味」と題して書いた生徒の学習の様子を例として次に挙げる。

生きる意味

僕は生きる意味が分からない
みんなも生きる意味が分からないだろう
僕たちは
生きる意味を
生まれた意味を
探すために生まれてきたんだよ

生きる意味

僕は生きる意味が分からない
みんなも分からないだろう

僕たちはきっと
生きる意味を
生まれた意味を
探すために生まれてきたんだよ
生まれたからには
生きてやる

第2時に、この詩を創作した生徒に対し、谷川俊太郎「生きる」を提示した。この生徒が自分で書いていたことは、「谷川さんは『生きる』こととはどういうことか、具体的に書いている」「賛成のところもあるし、そう思わないところもある」これに加えて、別の生徒からは次のような評価が書かれていた。「生まれた意味がわからないというところはその通りだと思う」「わからないから意味を探す、というつながりがよい」これらの評価を受けて推敲した結果、左上のような詩が完成した。

修正が加わった部分は三点ある。一つ目は二行目「生きる意味が」を削除している。削除の理由としては「(削除した方が)リズムがよくなるから」としていた。二つ目は「僕たちは」の前を一行空けている。修正の理由は「ここで意味が逆になるので」としている。確かにここに発想の転回がある。さらに三つ目の修正は、最後に二行加わったことである。ここでもう一度転回が見てとれる。それまで、外に向かって語りかけていたものが、最後の二行は自分自身への語りとなり、決意が生まれている。谷川氏の「生きる」が、日常にある

「生」の意味を場面として表現した詩だとすると、この生徒の作品は具体的な場面を取り出せないから「生」の意味があるとつなぐ。十五歳の想いとしては、こちらが日常なのだと納得させられる詩となっていた。

◇**第三次　第一時　詞華集として製本する**

生徒自身が創作した詩のほか、有名、無名を問わず多くの詩人の作品の中からテーマに沿って、惹かれた詩、共感した詩等を十二ページ分選んで一冊に綴じた。

【準備物】

○厚紙　Ａ５判の大きさのもの八枚（今回はＡ４判白表紙、折り目つきを半分の大きさにカットしたものを使用）
○包装紙または布（表紙をくるんで装飾するためのもの）
○厚物用ステープラー（十～十五ミリの厚さを綴じられるもの）
○製本テープ
○各ページを装飾するための紙やマスキングテープ等

【制作手順】

①Ａ５判の厚紙に、直接詩を書くか、別の紙に書いた詩を貼る。詩をどの順に貼るのかをあらかじめ考えさせておく。特に二ページにわたるような長い作品の場合は、読みやすさを考えて、できるだけ見開きに収めるよう伝えておく。

②表・裏の表紙にする二枚の厚紙は、包装紙や布を貼る。しわや浮きが出ないよう気をつける。
③厚紙八枚（作品六枚。表紙二枚）を、ステープラーで綴じる。綴じる前に、折り目のところで、いったん軽く折ってから揃えて綴じる方が後で読みやすくなる。
④ステープラーで綴じたところを覆うように、製本テープを貼って完成させる。

これまで創作したり、選んだりしてきた詩が、詞華集として一冊の本になると生徒は大変うれしそうであった。次時には、互いの作品を読み合うことや図書室に置いて他学年の生徒にも読んでもらうことは伝えていたが、待ちきれず、できあがった詞華集を互いに見せ合っていた。

さらに、仕上げとして今回制作した詞華集を、できるだけ多くの人に読んでもらえるように「本の帯」を作ることとした。この「本の帯」は、自分で作ってもよいし、他の人に依頼して書いてもらうのもよいと提案したところ、詩の内容や表紙のデザインに合うよう工夫しながら作成し、作品の価値を上げるものになっていた。

◇第三次　第二時　詞華集を互いに読み合おう

この単元の最後に、互いの作品をじっくりと読み合う時間を設定した。その後、単元のふり返りをした。

①自分が表現したいと思う言葉を見つけることはできたか

・今まで心の中で思っていたことを言葉として表してみると、その気持ちがはっきりとしてよみがえってきた。
・リズムや長さも考えながら言葉を選ぶのが難しかった。伝えたいことをよりわかりやすく、楽しく表すために何度も書き直した詩もあった。（自分の思ったことに）だんだんに近づけてよかった。
・「自信」をテーマにして考えました。なので、語尾を「なんだ」でそろえてみたり、強気な言い方をしたりすると、だんだんそんな自分になってきました。考えるのはとても楽しくて、（詩を）全て自分が考えてもよかったなと思いました。

ここには、思いを言葉で表現することの大切さが様々に述べられている。詩という形式が、生徒の心の声を引き出し、引き出された言葉が心を豊かにしていく往還が、ふり返りから見て取れた。詞華集を制作するにあたって、一編以上自分が創作した詩を入れることとしたが、創作した詩が一編だったものは１９．０％、二編だったものは４０．５％、三編以上だったものは４０．５％という結果であった。自分の思いが次第に明確になり、さらに詩を書くことに対する抵抗感がなくなってくると、「自分が表現したい詩を（他から）見つけるのが一番大変だった」と述べる生徒もいた。

②詞華集を制作して感じたことや考えたことは何か
・自分の詩と詩人の作った詩を読み比べることで、詩人にしかない表現があって感動した。

・詩人の詩をよく読むことで、自分がいいたいのと同じ所、違う所があるのに気づけた。
・複数の詩を一冊にまとめることで、ストーリーが生み出せたと思う。
・詩の順番やページの色づかいなどに気をつけて制作することで、思いの伝わり方や雰囲気が違ってくると感じた。

5 授業をふり返って

「詩を創作する授業」と一口にいっても、目的も方法も教師の詩作に関する経験も様々ある中で、実際に授業を作っていくのは難しいことである。その中で、ここに示したのは、私のささやかな試みに過ぎないが、今回特に心がけたのは、「生徒の内にある思いを外に引き出したい」ということである。中学三年生なりに抱えているものを、教室では遠慮なく吐き出せるのではないか。「詩」という形式は、その仕掛けの一つでしかない。しかし、この仕掛けには大きな効力がある。思いを表現する言葉を見つけたとき、言葉がさらなる思いを引き出す場面に何度も遭遇することができた。

つまらないと思っていたけど、いろいろ読んでみると共感できて、調べるのが楽しいくらい詩には不思議な力があるなと思った。今回の学習で、詩がものすごく近い存在であると感じた。初めて詩に対し、素直な心で入り込めたと思う。

このような感想を引き出せたのも、詩の力であろう。ただ、まだまだ表現しきれなかった思いを残した生徒もいた。「豊かな言葉のつかい手」を育てていく試みは今後も続けていかなければならないと感じている。

（浜岡　恵子）

● 参考文献 ●

山元隆春・中井悠加（二〇一三）「『詩人の時間』を体験する」日本国語教育学会編『月刊国語教育研究』、第四九八集
浜岡恵子ほか（二〇一八）「詩の創作を通して思考力を高める指導法の研究―『詩人の時間』を実感する学習―」広島大学附属東雲中学校研究紀要『中学教育』第四九集

浜岡実践の解説

浜岡教諭の二つの実践はいずれも「詩人の時間」と題されていて、生徒達に「詩人」になってみること、「詩人」とともに詩を書くことを体験させるものであった。

実践1「詩人の時間1――想像の世界を広げよう」（中二）は「発想を広げていく言葉選びの活動を通して、自分の表現を見つめ直す」ことを目指した。一見無関係に見える言葉同士を組み合わせた時に生まれる発想やイメージをもとに詩を作るという実践である。学習者の感想の中に「詩をつくることは難しいと思っていたけど、実際にやってみると思っていたよりも楽につくることができた」というものや「自分が気になる詩を見つける時間が授業内でとられたとき、自分は何かを物に例えるのが好きなのが分か」ったというものがあった。この実践のアイデアが、詩創作を学習者に身近なものと感じさせる契機になったことをうかがわせる感想である。あらかじめ頭の中にあったことを手持ちの言葉で表現するやり方だけでなく、言葉と言葉を関連づけることによって自分の気持ちや新しいイメージを表わす表現に出会うことが、詩創作にとってむしろ重要だという発見をしたことがわかる。

実践2「詩人の時間2――詩人との共創にチャレンジしよう」（中三）は、各自が選んだテーマをもとにして選択したテーマで自分でも詩をつくり、それを詩人たちの詩と比較する過程で、詩の見方・とらえ方を学んでいくことを目指した実践である。「詞華集」を作る過程で生徒達は、漫然と詩に接するのではなくて、作り手の立場から詩を読むことができるようになった。自ら詩を作った後に詩を読むという体験は、作らない時よりも一層作り手の立場に立ちながら詩の表現をとらえることを可能にする。そして作り手の立場の共有が伝わる表現の創出に深く関与することを学んだ。

この学習で生徒が得たものを浜岡教諭は「詩という形式が、生徒の心の声を引き出し、引き出された言葉が心を豊かにしていく往還」にあるとする。「詞華集」をつくる過程で、生徒達は詩の読み書きを通して、詩がその先を生きるよりどころの一つになることに気づいたのではないだろうか。

二つの「詩人の時間」は、連続してはいるものの、それぞれの学年の発達上の課題に関連づけられているように思われる。「1」の学習はむしろ小六の「わたし」の詩を書きながら、自己を相対化し、対象化する実践に近い。小六では自己認識の拡充が中心であったが、中一では自己の内側にありながら未だ自覚していない発想やイメージの掘り起こしが中心になる。それらに比して「2」はより大きく広い、詩人達も属する詩の読み書きの共同体に参加する実践であり、詩の読み書きの新しい約束事を生徒達は学んだ。もちろん、今はまだ浜岡教諭と一緒に、である。浜岡教諭の周到なサポートは、生徒達がやがてそれを必要としなくなる未来を見据えたかたちで営まれている。そのことは中学校高学年の実践において、読み手・書き手としての自立を促す上で、とても大切なことである。

（山元　隆春）

第三章　詩とイマジネーションの教育のこれから

附属東雲小学校低学年・中学年の実践からの展望

1 羽場・宮本実践から

羽場教諭は長年附属東雲小学校で複式学級、特に低学年の複式学級の実践を行ってきた。羽場教諭の低学年実践は、一言でいえば「自主自立を促す言葉の働きかけ」の実践である。それは、国語科授業にとどまらず、他教科においても、また、学校における生活場面全体においても、羽場学級全体を包んでいる「雰囲気」によってももたらされている。この「雰囲気」を醸成するのが、理論編で述べた「しつらえ」である。

「しつらえ」は、例えば、羽場教諭の言葉に現れる。羽場教諭は、発問はもちろん指示もほとんどされない。それは、授業中だけではなく、授業以外の学校生活場面でもある。一年生の子どもがなにかで困った時、羽場教諭は自ら声をかけることは少ない。まず、上学年である二年生の子どもが手助けすることを待つ。もし、羽場教諭に助けを求めた時は、「〜しよう」「〜したら」という指示よりも「どうする?」「どうしたらいいかな?」と一緒に考える言葉を投げかける。子どもはそこで、「羽場先生はいつでも一緒に考えてくれる」という安心感とともに、自分で考えていこうとする姿勢を身につける。

こういった態度は、母語教育としての国語教育においては、必須の態度である。国語科（だけではなく他教科においても）の授業でよく見られる「教師の心を言い当てる言語ゲーム」から脱皮し、対象とする言葉、教材、目標に向かわせるためには、学習者と教師とがともに、対象となる言葉や教材に向かっていくための、よびかけ、なげかけ、はげまし、そして、年長者としてのアドバイスが必要である。これらは授業中で教師から行われる「てだて」であるが、これらの「てだて」も、子どもの「自主自立」を促す「しつらえ」を構成する大切な要素となっていく。

このような「しつらえ」がある国語教室を、いっそう確かなものにするために、第〇次がある。実践1では、不思議なお話の絵本を読み聞かせ、その絵本は教室に置かれている。実践2では、友達や家族をテーマにした詩を配付し、読み聞かせしたり音読させたりしている。また自分の好きな詩を紹介している。このような第〇次の「てだて」が、イマジネーションの発動をさらに促す。

一方、小学校中学年は、理論編で述べたように、分母と分子が入れ替わる段階である。無意識／感情優位の言語生活から、意識／理性優位の言語生活へと変わっていく。それにつれて、メタ認知も発達し始め、自分自身の言語生活をモニタリング・コントロールする力が強まっていく。教科学習においてはこれらのことは大切な成長ではあるが、母語教育においては留意が必要である。

なぜなら、この時期から、自分自身の意識した思いを人間（じんかん）の中で抑圧したりすることが増えていくからである。人の目を気にする段階である。それだけではなく、自分自身のイマジネーションの発動も弱くなり、またその発動があったとしても理性優位の意識が抑えてしまう。自分の無意識とも出会うことが難しくなるのである。まさに自分の目も意識する段階でもある。

この時期の子どもは、「素直に書きましょう」といっても書くはずがない。そこには、中学年向けの「てだて」が必要になってくる。中学年向けの「てだて」とは、「知的しかけ」である。あえて「知的しかけ」を「てだて」とすることで、中学年の子どもは堂々とそのしかけに乗っていく。そのしかけが上手く働けば、なかなか見えてこない自分自身の無意識からのイマジネーションを、子ども自身も聞き取ることができる可能性がある。宮本教諭が行った抽象絵画や「詩の方法」の提示は、知的「てだて」という「いいわけ」を子どもに作り出す装置となっている。

2 「深い学び」と「しつらえ」「てだて」——U理論を援用して

羽場教諭や宮本教諭が作り出した「しつらえ」や「てだて」は、「深い学び」を生み出す時に必須のものであると私は考えている。日本の文部科学省は、「深い学び」とは、「教科等の特質に応じ育まれる見方・考え方を働かせて思考・判断・表現し、学習内容の深い理解や資質・能力の育成、学習への動機付け等につなげる学びのこと」としている（中教審答申）。しかし、この定義をみても、「深い学び」とは何か、大変わかりにくい。アクティブ・ラーニングを導入することで、「主体的」「対話的」な学びになっていたとしても、浅い学びになるのではないかという不安を多くの人々は持っている。

私は、「深い学び」を考えるために、U理論を援用したいと考えている。U理論とは次の図で示されるものである（図の引用は http://cybozUshiki.cybozU.co.jp/articles/m000376.html による）。

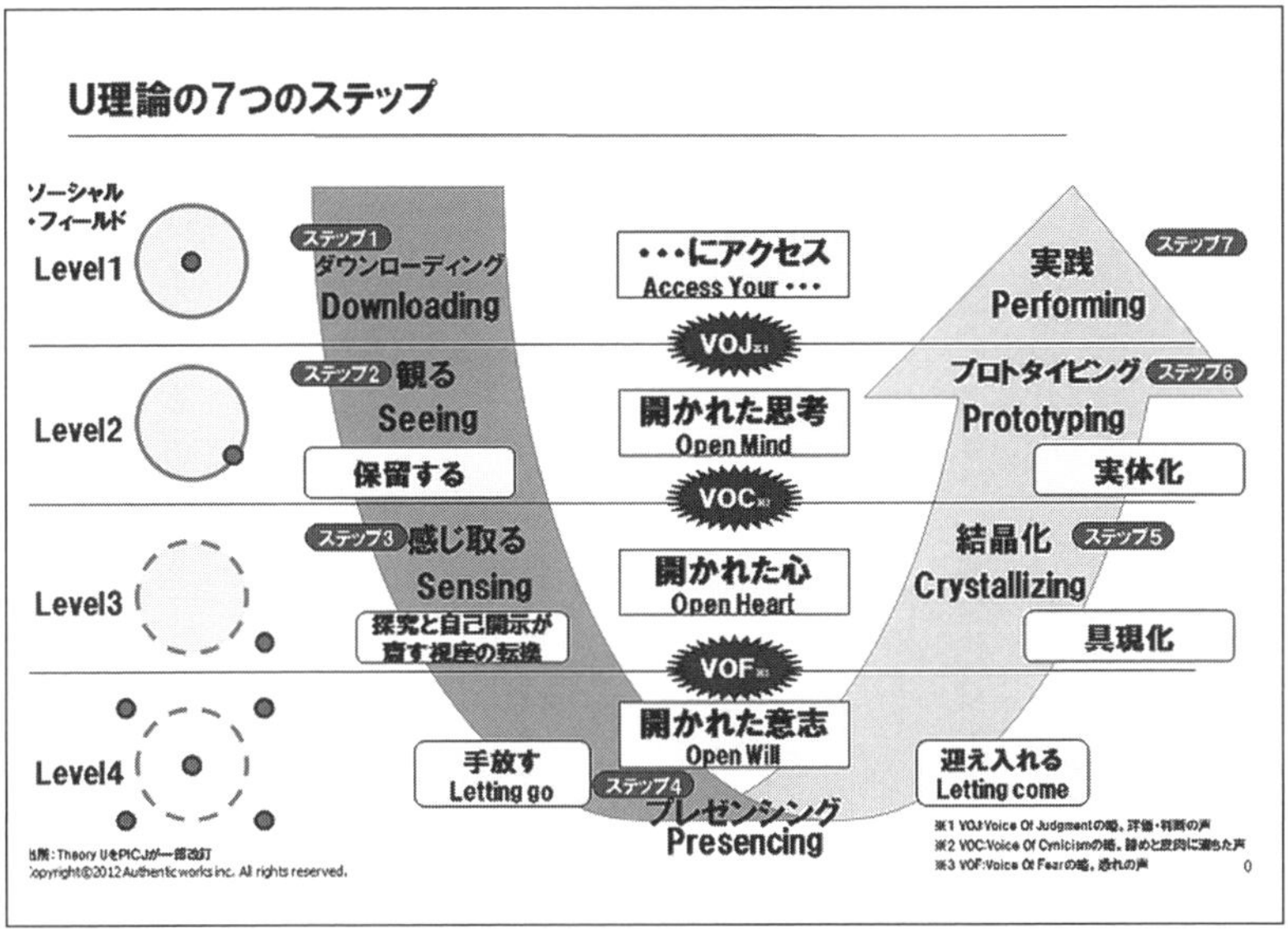

U理論は、MITのC.Otto Scharmerが提唱した、個人と組織両方に関する、イノベーションの理論のことである。また、この理論は、「過去の延長線上にない変容やイノベーションを個人、ペア、チーム、組織やコミュニティ、そして社会で起こすための原理と実践手法を明示した理論（中土井、二〇一四）」である。このU理論は、学習者個人の変容にも学級や学校地域の変容にも援用可能な「普遍的な」理論であり、「深い学び」が阻害される「問題」をどう乗り越えていけばいいかを示している。

U理論の左半分は、個人や組織の無意識におりていく道筋であり、右半分は、無意識に入ってつかみとった「本質」を、言語化し外側に表現していく道筋である。今回は、U理論の左半分、すなわち、「理解」の部分だけに焦点を当てる。この左半分は、物事の「深い学び＝深い理解」を表現しているからである。右半分は、学んだことを実際に「活用」する時の流れである。左半分は次の要素で成り立っている。

(1) Downloading…自分の思考のいつもの物差しで見る。

(2) Seeing…………判断を保留し、現実を新鮮な眼で見る。

(3) Sensing…………場に結合し状況全体に注意を向ける。

(4) Presencing……自分（組織）の無意識から見る＝深い学び。

(1)は、「浅い学び」の段階である。自分のいつもの思考パターン・枠組み・認識方法で物事を見ている段階である。新しい現象が起きたとしても、今までの思考パターンでその現象をとらえてしまい、本質が見えない段階である。自分が持っている知識が邪魔をする段階でもある。知識が多ければ多いほど、このDownloadingの段階に陥ることが多くなる。

(2)は、Downloadingから離れて、物事をただ観察する（Seeing）段階である。この時、自分自身が持つ知識や思考パターンから離れて、判断を保留し「ただ見る」ことになる。その現象を新鮮なものとして、眺めるのである。

(3)は、感じ取る（Sensing）段階である。見ている私と見られている対象とが一体となる段階である。この時、見ている私は、自分自身の殻をやぶり自分自身から離れ、見ている自分と見られている対象、そして、その状況とが一体となっていることを見ることになる。メタ認知は、自分自身の内部で自分の認知を見ることであり、感じ取る（Sensing）と似ているが、感じ取る（Sensing）段階は、ただ自分の内部で自分の認知を見る（メタ認知する）のではなく、自分自身の振る舞いと自分が向き合っている対象とを合わせて、自分から離れたところから見ている段階である。

⑷は、自分の無意識から世界を眺める段階である。U理論では、この段階を「未来からの出現」ということもある。自分の無意識と世界とがつながっている感覚を得ることになる。この段階では、対象となる現象と見ている自分そして状況とを自分が見ている段階（Sensing）を経て、対象の本質と自分自身の無意識とが合一している。この段階に至ると、自分が次に何をするべきかが自分自身の無意識から湧き上がっているのである。そして、この衝動が表現の段階（U理論の右半分）へと向かわせる。

このU理論と児言態の理論を合わせると、生まれてから小学校に入るぐらいまでの子どもは、実は⑵〜⑶〜⑷の段階を動いているということになる。子どもは、世界をありのままに見つめ（2の段階）無意識から湧き上がるイマジネーションに動かされ（4の段階）世界を感じ（3の段階）ている。つまり、「子どもは常に深い学びをしている」のである。

それが崩れるのが小学校中学年以後である。学校で知識技能を覚え、発達段階的にもイマジネーションが発動しにくくなる、つまり、「分母と分子の転換」が起きると、次第に、⑵⑶⑷へとUの底に降りていくのが困難になっていき、⑴の Downloading の段階に留まってしまうのである。

さらに、⑵⑶⑷へとUの底に降りていくことを困難にしていることがある。それが、U理論の図の真ん中にある、「評価・判断の声」「皮肉・あきらめの声」「恐れの声」である。浅い情報処理で済まさず、深く考えようとする時、外側からだけではなく、自己の内側からも、「変えていっても利益は少ない（判断）」「変えるのは無理だ（あきらめ）」「変えていくのは怖い（恐れ）」という声が起きてくる。人の目を気にする恥ずかしさや人の評価に対する不安もここに入るだろう。結果として、

Downloadingにとどまり、深い学びに届かないのである。ということは、自分の無意識とも出会わないということでもある。

こういった「評価・判断の声」「皮肉・あきらめの声」「恐れの声」に打ち勝ち、自分自身を深い学び(2)から(3)(4)へと誘うことは、学習者自身の自力では難しいところがある。そこで必要なのが、教師の「しつらえ」「てだて」なのである。

羽場実践での「しつらえ」宮本実践の「てだて」は、いずれも、子どもの内部に起きる「評価・判断の声」「皮肉・あきらめの声」「恐れの声」を低減するのに役立っている。そして、子ども自身が(2)から(3)(4)へと深く学んでいく手助けをすることになるのである。

「詩作を通して深い学びができる」と言葉では簡単にいえるが、実際はそうではない。詩作は確かに、自分自身のイマジネーションを発動させ、自分自身の無意識という広大な世界と出会うきっかけを与える。しかし、人間は成長するにつれ分母と分子が転換し、意識世界（理性）が中心の人生へと変わる。意識世界が中心の生活では、人間関係も情報も浅い情報処理（Downloading）で行う。その方が早いだけではなく、自分自身の根幹を変えなくてもいいからである。しかし、そこには「深い学び」はない。

小学校中学年以後の子どもには、「しつらえ」や「てだて」を通して、学習者が「評価・判断の声」「皮肉・あきらめの声」「恐れの声」に打ち勝ち「深い学び」へと降りていくことを教師は手助けすることが必要である。そしてここが重要なことだが、学習者が降りていく先は、新しい世界というよりも、学習者自身がすでに持っている無限の可能性を秘めた自分自身の無意識の世界なのである。

一方、小学校低学年の子どもには、十分無意識の世界を遊ばせつつ、つまり、⑵⑶⑷の間でイマジネーションを十分発揮させつつ、次にやってくる意識世界への転換の準備をさせる。知識や情報を手に入れた時も、ただそれによって浅い情報処理をするのではなく、知識や情報を背負ったままイマジネーションを発動させ、無意識の世界へと降りていく体験をさせるのである。

3 おわりに

このような真の「深い学び」を詩作の授業だけではなく、全ての文学的な文章教材の授業へ、また、説明文教材の授業へ、さらには国語科全体や他教科の授業にも広げていきたい。そのためには、児言態の理論が示してきたイマジネーション発動とトランスフォーメーションの考え、児言態の実践が証明してきた発達段階によって変化する意識と無意識のバランス、これらに学びたい。また、U理論が示す「深い学び」のありようと「深い学び」を妨げるものの存在への理解をすすめたい。さらに、「深い学び」を妨げるものを低減させる、教師の「しつらえ」と「てだて」の開発の手法をさらに多く開発したいと考える。

（難波　博孝）

●参考・引用文献●

中土井瞭（二〇一四）『人と組織の問題を劇的に解決するU理論入門』ＰＨＰ研究所

小学校五年生〜中学校三年生の実践からの展望

1 見方の拡張・深化、自己の対象化、言葉の機能の発見——Ⅱ期とⅢ期の特徴

第二章「詩とイマジネーションの教育の実践」「附属東雲小学校国語科の研究」での区分に従うと小学校五・六年生と中学校一年生は「第Ⅱ期」、中学校二・三年生は「第Ⅲ期」にあたる。ここではこの二つの期の実践を掘り下げて、「詩とイマジネーションの教育」の展望を行う。この二つの期は、自他の関係を築きながら、言葉による見方や考え方を拡充・深化させ、自己を対象化し、言葉の多面的な機能を発見することが可能になる時期である。谷教諭と浜岡教諭の実践はそのことを追求したものである。

2 第Ⅱ期(1)小学校五年生　単元「『連詩』に挑戦しよう」

谷教諭の実践した「『連詩』に挑戦しよう」は「友だちと協力して詩を創作する楽しさ」を子どもたちが実感することを目指したものである。「連詩」そのものは詩人・大岡信らの実践が有名であるが、谷教諭はその取り組みを、小学校五年生の詩創作に適用した。協働で一つのものをつくり上げる

喜びは、協働の学びの必要性を認識しはじめた子どもたちにとって重要な体験である。

四季を共通の枠組みとし、第二次で「漢字一字」が書いてある紙をグループで選び、その漢字と季節を「題」とした創作が営まれている。春夏秋冬を共通の枠組みにしたことでクラス全体で、連詩の場を共有することができている。もしもこのような共有の場が設定されていなければ、各自の考える詩の言葉の間に共通性がうまれにくくなり、「つなげる」という重要な活動がおろそかになったかもしれない。選びとられた「漢字」によって詩のタイトルが決まる。「春の月」「春の声」「春の海」といったぐあいに焦点が定まったからこそ、子どもたちは言葉を探しやすくなったと思われる。谷教諭も考察しているが、「(季節)の(漢字一字)」という組み合わせで題名を定めたグループが圧倒的多数であった中で、「(漢字一字)の(季節)」という組み合わせを試みたグループがあった。「空の夏」のグループである。転倒させたということだけだが、「空の夏」としただけで、子どもの言葉が他のグループとはかなり異なっているように思われる。このような見方の転換が表れるところが谷教諭の実践の面白さである。

「春」「夏」の学習を一旦終えて、ふり返りをさせてから「秋」「冬」の連詩づくりに向かっているところも大切である。何に目を向ければいいかということを、お互いに確認したからこそ、一層洗練された言葉選びが可能になった。

「実践をふり返って」の節では、子どもたちが体験したことが「ワクワクドキドキ」の体験であったことが強調されている。そして、子どもたちの感想の中に「どう書いたら次の人へつなげられるか」「どういう言葉がよいか、この言葉は大事だという意識が持てるようになった」「起承転結の転が一番難しく、だからこそ転を大事に考えるようになった」「見直したり読み直したりする余裕が持てるようになった」といった言葉が並んでいる。「連詩」を書くという取り組みを通して、子どもたちが得たのは、言葉を関連づけ文脈をつくり出すこと、大事な言葉を見極めること、文章構成の面白さを左右する勘所を見極めること、修正しながら意味をつくり出す面白さを味わうことなど、実に多様である。「連詩」作成が、子どもの言葉の認知能力の発達に大きく貢献したことを、これらの言葉は教えてくれるのである。

3 第Ⅱ期(2)小学校六年生　単元「詩を創作しよう『わたし』」

自分がどういう存在なのだろう、という問いは、高学年の子どもが一度は考えたことがあるものに違いない。「詩を創作しよう『わたし』」から生まれた詩は、いずれもそのような認識に関わる。詩の読み書きを通して「わたし（自分）」への見方や感じ方を「より豊かに、深く」することを目指した実践である。

この単元には二種類の重要な仕掛けがある。一つは、単元に入る前に先生自身が編集した、「わたし」「自分」をテーマとする「百編の詩」を集めた「詩集『わたし』」である。子どもに配付して読ませた「詩集『わたし』」によって、「わたし」を見る百の見方が子どもたちの前に示された。二つ目は、教師自作の三つのモデル詩である。それぞれ第一次が詩「石」、第二次が詩「卒業前の君へ」、第三次が「本当の私」である。それぞれのモデル詩が、「将来のわたし」を詩にする、もう一人のわたしが語る「わたしへのメッセージ」を詩にする、他の目から見たわたしと本当のわたしを比べて詩にする、という各次の目標を具体的に詩の言葉にして見せるものであった。自分を表現するために、思いを吐露するばかりでなく、多彩なやり方があることを、詩の言葉として子どもに具体的に伝えているところが、いずれも重要である。

子どものふり返りの中に「自分の心の内をよく知ることができ、自分の新しい一面を言葉で表現することで気づけたので楽しかった。不満を素直に言葉にすることで自分の気持ちを楽にすることもできることに気づいた」というものがあった。この実践の成果を端的に物語っている。先生自身の「言葉を通して子どもが見えてくる感覚を味わうことができた」という実感と通底している。詩の言葉を媒介としながら、子どもと教師がともに心を通い合わせることの時間であったことがわかる。

ウォレス・スティーヴンズに「黒鳥を見つめる十三の見方」という詩がある。イギリスの詩創作指導のアイデアの一つに、この詩をもじって「○○を見つめる十三の見方」という詩創作の実践があるが、谷教諭のこの単元は「わたし（自分）」を対象に、多彩な「見方」を引き出すことに成功している。だからこそ、六年生の一人ひとりが自分を見つめ、他の人の自分の見つめ方に接して、さらに自分への見方を深めることが可能になったのだと思う。

4　第Ⅱ期(3)中学校二年　単元「詩人の時間1――創造の世界を広げよう」

浜岡教諭の二つの実践はいずれも「詩人の時間」と題されていて、生徒たちに「詩人」になってみること、「詩人」とともに詩を書くことを体験させるものであった。

「詩人の時間1」では「発想を広げていく言葉選びの活動を通して、自分の表現を見つめ直す」ことを目指した。創作活動に取り組む時に、自分の内面の思いや生活経験を引き出して、それを言葉にするというかたちでの詩創作の考え方を揺さぶる取り組みである。むしろ逆に、一見無関係に見える言葉同士を組み合わせた時に生まれる発想やイメージをもとに詩を作るという実践である。

西脇順三郎は『詩学』の中で示した「ポエジイとは新しい関係を発見することである」というアイデアを具体化した実践であるということができる。「形が変わらないもの」「形が変わるもの」それぞれについて各自がメモした言葉を、無作為に引かせ、「(形が変わらないもの) の (形が変わるもの)」という組み合わせをつくり、「マインドマップ」を作成して、その上で詩を作るというものであった。各自が作った詩を読み合って修正しながら仕上げていく部分は一種の共同制作であると位置づけることもできるだろう。

「5　実践をふり返って」に示されている生徒の感想の中に「詩をつくることは難しいと思っていたけど、実際にやってみると思っていたよりも楽につくることができた」というものがあった。この実践のアイデアが、詩創作を生徒に身近なものと感じさせる契機になったことをうかがうことができる。一連の創作の過程の中で言葉と言葉を関連づけて、そのことによって新しいイメージを発見していくことこそが、詩の創作にとって重要であるという発見をしたことがわかる。

5 第Ⅲ期中学校三年 単元「詩人の時間2——詩人との共創にチャレンジしよう」

中学校の実践としては「詩人の時間」を連続させているが、「詩人の時間1」と「詩人の時間2」は連続しながらも、それぞれの性質は異なっている。何が異なっているか。「詩人の時間2」の方は、各自が選んだテーマをもとにして「詞華集」を作るという実践である。選択したテーマで自分でも詩を作り、それを詩人たちの詩と比較する過程で、詩の見方・とらえ方を学んでいくことを目指した実践である。「詩人の時間1」では、発想の刺激となる二つの単語のつながり「○の□」を手がかりにしながら、各自に既有の経験や記憶や語彙から一人ひとりの「詩」を掘り起こした。各自の「詩」を交流する機会はもちろんあったが、自分の内奥の「詩」の発見が行われたことが重要である。

これに対して「詩人の時間2」では、「詞華集」を作るという活動を通して、既に作られた詩人たちの詩と、自らが作り出した「詩」とを対置させ、自らの「詩」をさらに膨らませていくということが目指されている。第Ⅲ期を、詩的経験の「社会化」を目指す時期であると考えるなら、浜岡教諭が取り組まれた「詩人との共創」はこの時期の詩の読み書きの実践として大切な意義をそなえる。「詩人の時間1」では十分に見えてこなかった、既存の詩人の詩との多彩な出会いが試みられていて、詩を書くという行為そのものが、独我の営みにとどまらず、詩が書かれてきた「歴史」と一人ひとりの生徒の出会う機会がつくられるからである。「社会化」と呼ぶのはそういう意味である。

「詞華集」すなわちアンソロジーを作っていく過程で、多くの詩を生徒たちは関連づけていった。目的を持った詩の読み方が行われていることに注目したい。あるテーマで集められたこれまでの詩の特徴を分析した上で、同じテーマで自分も詩を書き、その上で創作過程をふり返っている。その上で多くの詩を読み、「詞華集」を作る――この過程で生徒たちは、漫然と詩に接するのではなくて、作り手の立場から詩を読むことができるようになった。自ら詩を作った後に詩を読むという体験は、作らない時よりも一層作り手の立場に立ちながら詩の表現をとらえることを可能にする。いわば、詩の読み書きの共同体に参入したのである。

「第二次　第3・4時　詩人と共創しよう」に掲げられている「生きる意味」を書いた生徒の学習では、浜岡教諭の助言によって、自分の書いた「生きる意味」と谷川俊太郎「生きる」との比較が行われている。また、他の生徒の意見も参照しながら、この生徒は新たなヴァージョンの「生きる意味」に修正をした。浜岡教諭はこの詩について「谷川氏の『生きる』が、日常にある『生』の意味を場面として表現した詩だとすると、この生徒の作品は具体的な場面を取り出せないから『生』の意味があるとつなぐ。十五歳の想いとしては、こちらが日常なのだと納得させられる詩となっていた」と考察している。最初の「生きる意味」と修正後の「生きる意味」との間で、この生徒は十五歳の自分にとっての「生きる」ことの意味を深く掘り下げ、最初よりも強い意味をこの詩に込めた。谷川の「生きる」と対峙しながら、それに引きずられることなく、今の自分の立ち位置を明確にしたといえる。影響を受けるというより「共創」が成り立ったのである。

この学習で生徒が得たものを浜岡教諭は「詩という形式が、生徒の心の声を引き出し、引き出された言葉が心を豊かにしていく往還」にあるとする。「詞華集」作りの過程で、生徒たちは詩の読み書きを通して、詩がその先を生きるよりどころの一つになることに気づいたのではないだろうか。すぐには役立たないものだが、その先の未来の「入口」にあたる「物事の起こり方」に出会ったのである。

小学校低学年からはじまった子どもたちの詩的経験の旅は、詩的経験の「社会化」をはかったこの第Ⅲ期の学習で、その先の未来につながることになった。もちろん第Ⅱ期での「連詩」や「わたし」の詩の創作においても「社会化」の芽は育まれていて、そのことが第Ⅲ期における詩の読み書きの基盤となっていることは確かである。詩の読み書きの共同体が教室を超えて、歴史（ということは社会）へと広がっていくのが第Ⅲ期の大きな特徴であると考えることができる。

この後、生徒たちは高校生になり、大学生になり、社会に出て行くことになると思われるが、それぞれの身近な場所での、詩の読み書きの共同体をどのように見つけたり、つくっていったりすることができるのか、ということが次の課題になる。また、歴史の中で社会の中で生み出される多くの詩とどのように出会っていくのかということも大切な課題だ。世の中の詩を全て読み尽くすことなどできないが、そして、あらゆる詩の読み書きの共同体に属することもできないが、しかし、詩の読み書きが、何らかの約束事とその約束事や書き方を共有する共同体を前提として、お互いの理解と表現が成り立つということは、九年間の詩の読み書きの学習の中で、学ぶことができるのではないか。各期の学習の記憶とともに、そのような共同体の持つ互いを受け入れるやわらかさ、やさしさ、ぬくもりとその記憶が、詩だけにとどまらない読み書きを励ましていくということを合わせて学ぶことができる。そのようなカリキュラムをさらに探究していくことが必要である。その意味でも、附属東雲小・中学校での詩とイマジネーションの教育の試みは、その先の未来への「入口」なのである。


（山元　隆春）

おわりに ――詩の生まれるとき

十年程前に私は勤務校の附属幼稚園の園長をしていました。週二日、三歳から五歳までの子ども達といっしょに過ごしていました。朝の職員室にいると、子ども達が登園してきて、前日や当日に見つけた動植物をいろいろと見せに来てくれました。ある朝、年中（四歳児）の女の子が、職員室にいる私の方を見て、ヤマボウシの実を私の方に差し出しています。わざわざ見せにきてくれたのだと思って、私は「ありがとう」といったのですが、納得いかない顔をして、そのまま保育室に去っていきます。「見せにきてくれた」というのはその通りですが、私のためにそうしてくれたわけではなかったと、彼女が去ったあとにようやく気がつきました。多分彼女はヤマボウシの実を見つけたことが誇らしくて、私に見せにきたのでしょう。だから「ありがとう」ではなく、「よく見つけたねー。すごいね」とでもいうべきところだったのかもしれません。

こういうことは常日頃自分がやってきたのではないかとふと考え込んでしまいました。相手の意思表示を、勘違いして、私のための言動とみて反応してしまうことです。時にそういうことで諍《いさか》いも起こりますし、もっとこうすればよかったという後悔も生まれます。自分の日常の姿と、この子どもとのやりとりを重ねることで、一つの詩が生まれました。これも一つの関係の発見なのかもしれません。

意思表示

山元　隆春

たとえば
こんなふうに話をはじめて
もう次の瞬間には
きみの話にうなずいている僕がいる

流されずに
向きあうということは
ほんとうにむずかしいことだ

よく晴れた朝
摘んできたヤマボウシの実を
差し出したきみに
ありがとうと言うと
怪訝そうなまなざしが返ってきた

そんなふうに
わかったような顔をして
わかったようなことを言わないでよ
話を合わせたりしないでよ

贈り物
ではなかったのだ
足を棒にして
木の実を探し当てた
そのことが嬉しくて
知らせたいという意思表示

食卓の上
見慣れた果物が
ゆたかな香りを放つために
何が必要か

流されようとはされず
押し戻そうとするきみの
それは
ぎりぎりの意思表示
掛け値なしの
切ないほどの

自分の出会った一つの出来事を、それ以外のことと関連づけることで生まれたこの詩もまた、読者の人生を直接変えることはないでしょう。しかし、この詩もまた「物事の起こり方」であり、その先の可能性に向かう「入口」になるはずです。実は、第二章でローゼンブラットが引いていたオーデンの詩には、a way of happening に続けて a mouth とあります。既訳者のどなたもこの a mouth に苦心されているようで（ローゼンブラットはこの言葉についてなぜか言及していません）、私も例外ではなかったのですが、こうして自分で詩を書いた経験を踏まえて考え直してみると、人生上の新しい物事に向かう「入口」あるいは「門」のような意味ではないかという思いを強めているところです。

本書には広島大学附属東雲小・中学校の国語教室で生まれたたくさんの詩が収められています。それらはいずれも子ども達の学習の成果であると同時に「そこから出発する点」でもあります。彼らは「物事の起こり方」を自分の言葉で表現する手段を、先生と友達といっしょに学んだのでした。彼らが言葉にすることのできた「物事の起こり方」は、オーデンがつぶやいたように、これから生きる人生の「入口（a mouth）」です。その先に何があるのかは誰にもわかりません。行き先の見えにくい時代だからこそ、自分の言葉でそのような「入口」を見つける必要が、私達にはあるのではないでしょうか。

イギリスの桂冠詩人であったテッド・ヒューズによる *Poetry in the Making* という本があります。

沢崎順之助氏の訳で『詩の生まれるとき』として出版されています。ヒューズの詩は、少なくとも一九八〇～九〇年代までのイギリスの国語教科書にもっともたくさん掲載されていて、ある教科書では「テッド・ヒューズ」という単元まであります。『詩の生まれるとき』という邦題は、訳者の沢崎氏も書いているように意訳で、原題を直訳すれば「制作途中の詩」ということになるでしょう。これでは著作のタイトルとしてはわかりにくいのでこのような邦題にしたと沢崎氏は書いています。しかし、自作の生まれる過程をBBCのラジオ番組で話した内容がもとになっている本なので、内容はやはり原題の通りです。この本は、一九八〇年代のイギリスの国語教師にとてもよく読まれていた本でもあります。ヒューズの詩の中には、鷹やツグミや豚や鱒など、たくさんの動物が登場します。だからこそ生徒にも親しみやすくて、国語の教科書にも多く採用されたのも当然です（かつて日本の国語教科書にも掲載されていた村野四郎の「鹿」はヒューズの詩の雰囲気と共通したものを持っています）。その中の一つ Thought Fox（「詩想＝きつね」とも「思索狐」とも訳されています）という詩が生まれた時のことをヒューズが述べた節で、彼は夜中に机の前に一人座って、遠い少年時代に思いを馳せていると、林の中を走り去っていく狐の姿が思い浮かんだとあります。その狐を追いかけているうちに、狐と自分が重なって、いつしか狐の考えを言葉にしていくことになり、一編の詩ができたと語っています。

この話を最初に読んだ時は、そんなふうに言葉が出てきて、気がついたら詩ができていたなんて、できすぎだ、と羨ましく思いました。しかし、詩が生まれる時とはそういうものなのでしょう。ヒューズの頭の中もまったくの白紙であったわけではありません。狐を追いかけているうちに、日常では忘れてしまっている過去の経験（草のそよぎ、風の匂い、林の夜の静けさ）を思い起こし、それに伴う自分の感情が次第に引き出されてきて、少しずつ言葉にしているうちに詩のかたちになった、ということなのだろうと思います。だからThought Foxは「私の頭の中の狐」です。現実の狐ではないけれども「頭の中」だから自由に動いて、現実の狐ではないから自分の心の姿を映し出してくれる。そういうことなのでしょう。ヒューズの本が詩を書くことを教える教師に人気があったのも、こうした「物事の起こり方」としての詩のありようを具体的に語ってくれて、新しい世界への「入口」を示してくれたからなのではないかと思います。

本書もまた、そのような「入口」となりますように。

刊行にあたっては広島大学附属東雲小学校教育後援会の支援を受けました。明治図書編集部・佐藤智恵氏に大変お世話になりました。記して感謝申し上げます。

山元　隆春

【執筆者一覧】

難波　博孝		広島大学大学院教授
山元　隆春		広島大学大学院教授
谷　　栄次		広島大学附属東雲小学校副校長
羽場　邦子		広島大学附属東雲小学校
宮本　隆裕		広島大学附属東雲小学校
浜岡　恵子		広島大学附属東雲中学校

【編著者紹介】

難波　博孝（なんば　ひろたか）

広島大学大学院教授。博士（教育学）。専門は国語教育学。京都大学大学院文学研究科言語学専攻修士課程修了後，報徳学園中学高等学校教諭などを経て神戸大学大学院教育学研究科修士課程国語教育専攻修了。

山元　隆春（やまもと　たかはる）

広島大学大学院教授。博士（教育学）。専門は国語教育学（とくに文学教育・読書教育）。全国大学国語教育学会理事長。2007年～2011年，広島大学附属幼稚園長。遊ぶ子どもとそれを見守る保育者のイマジネーションに驚かされる日々を送る。

谷　栄次（たに　えいじ）

広島大学附属東雲小学校副校長。広島県の公立小学校での勤務を経て，1996年から23年間本校で勤務。国語科の他に，道徳教育，総合的な学習，複式教育などを研究。

【著者紹介】

広島大学附属東雲小・中学校国語科

（ひろしまだいがくふぞくしののめしょう・ちゅうがっこうこくごか）

住所　〒734-0022　広島県広島市南区東雲３丁目１-33

詩とイマジネーションの教育　理論と実践

2019年10月初版第１刷刊　©編著者　難波　博孝・山元　隆春・谷　栄次

著　者　広島大学附属東雲小・中学校国語科

発行者　藤　原　光　政

発行所　明治図書出版株式会社

http://www.meijitosho.co.jp

（企画）佐藤智恵（校正）nojico

〒114-0023　東京都北区滝野川7-46-1

振替00160-5-151318　電話03(5907)6703

ご注文窓口　電話03(5907)6668

＊検印省略　組版所　中　央　美　版

Printed in Japan　ISBN978-4-18-317724-7